Romano Guardini
Nähe des Herrn

topos taschenbücher, Band 707
Eine Produktion des Matthias Grünewald Verlags

Romano Guardini

Nähe des Herrn

Betrachtungen über Advent, Weihnachten, Jahreswende und Epiphanie

topos taschenbücher

Verlagsgemeinschaft topos plus
Butzon & Bercker, Kevelaer
Don Bosco, München
Echter, Würzburg
Lahn-Verlag, Kevelaer
Matthias Grünewald Verlag, Ostfildern
Paulusverlag, Freiburg (Schweiz)
Verlag Friedrich Pustet, Regensburg
Tyrolia, Innsbruck

Eine Initiative der Verlagsgruppe engagement

Bibliografische Information der Deutschen Nationalbibliothek
Die Deutsche Nationalbibliothek verzeichnet diese Publikation in der Deutschen Nationalbibliografie; detaillierte bibliografische Daten sind im Internet über http://dnb.d-nb.de abrufbar.

2012 Verlagsgemeinschaft **topos** plus, Kevelaer
5. Taschenbuchauflage

Nähe des Herrn. Betrachtungen über Advent, Weihnachten, Jahreswende und Epiphanie
Unveränderter Nachdruck der 3. Auflage,
Würzburg: Werkbund-Verlag, 1964 (1. Auflage 1960)

Einband- und Reihengestaltung | Finken & Bumiller, Stuttgart
Umschlagabbildung | www.photocase.com / leiig
Herstellung | Friedrich Pustet, Regensburg
Printed in Germany

Topos ISBN: 978-3-8367-0707-7
www.toposplus.de

Inhalt

Vorbemerkung

Die Kapitel dieses Buches sind Betrachtungen. Sie bilden keine Abschnitte eines fortgehenden Gedankengangs, wie sie eine wissenschaftliche Darlegung gliedern, sondern Erwägungen, die um die Feste des Weihnachtsbereiches kreisen. So ist es nur natürlich, daß sich ihre Gedanken überschneiden, einzelne von ihnen auch ausdrücklich wiederkehren. Sie erhalten aber jeweils vom Blickpunkt der Betrachtung eine neue Beleuchtung.
Der Verfasser bittet, das bei der Lesung im Sinn behalten zu wollen.

Advent

Mit dem heutigen Sonntag beginnt der Advent. Überall begegnen wir seinem Symbol, dem Kranz; in allen Formen, kleinen und großen, bescheidenen und prunkvollen, und wir fragen uns unwillkürlich, was jene, die ihn schenken oder empfangen oder in ihren Wohnungen anbringen, sich wohl dabei denken. Manch einer wahrscheinlich gar nichts; er sieht in ihm nur einen hübschen Brauch und macht ihn eben mit. Er ist ja auch wirklich schön, der grüne Kranz mit den roten Lichtern, dem Tannenduft und den ihn umgebenden Erinnerungen... Andere empfinden einen Hauch des Geheimnisses. Der dunkle Winter, die brennenden Kerzen, deren Zahl von Sonntag zu Sonntag wächst und auf eine Erfüllung zugeht – alles das berührt sie mit einer Ahnung von etwas Heilig-Lebendigem. Das ist schon mehr, aber es genügt noch nicht... Was bedeutet also der Kranz?
Er ist ein Symbol für die Zeit, die nach dem Fall des ersten Menschen vergehen mußte, bis der Erlöser kam. Er spricht vom *„adventus Domini“*, der „Ankunft des Herrn“, und mahnt, sich auf diese Ankunft zu bereiten. Im Kranz stehen vier Kerzen: vier Sonntage, vier Jahrtausende des Wartens. Die Vierzahl ist aber selbst wieder symbolisch. Wir begegnen ihr in der Heiligen Schrift oft; sie meint ein großes Maß. So bedeuten die vier Jahrtausende eine sehr lange Zeit;

Paläontologie und Frühgeschichte belehren uns, wie lange sie gewährt hat. Vom Warten durch den endlosen Gang dieser Zeit reden die vier Kerzen. An jedem Sonntag wird eine mehr angezündet und spricht: wieder ein Dunkel vorbei – bis alle vier brennen, die „Fülle der Zeit“ im Licht steht, und Weihnachten ist da.

Die Menschen haben gewartet, und der Erlöser ist gekommen. Beides, das Warten wie das Kommen, ist also gewesen. Von hierher betrachtet, sagen die Kerzen nur: Denk an das lange Harren durch die dunklen Zeiten und an das leuchtende Geschehen vor neunzehneinhalb Jahrhunderten. Freue Dich der heiligen Ankunft und sei dankbar... Sagt der Advent aber nur das?

Gewiß nicht. Die Feste der Kirche erinnern wohl an Vergangenes, sie sind aber auch Gegenwart, lebendiger Vollzug; denn was einmal in der Geschichte geschehen ist, soll sich im Leben des Glaubenden immer wieder ereignen. Damals ist der Herr gekommen, für Alle; Er muß aber immer neu kommen, für Jeden. Jeder von uns soll das Warten, Jeder die Ankunft des Herrn erfahren, damit ihm daraus das Heil werde.

Wenn wir das so hören, kommt uns vielleicht der Gedanke: Was im Leben wichtig ist, muß ich doch selbst finden! Es muß aus meinem eigenen Leisten und Kämpfen hervorgehen. So muß auch das Heil Sache meines eigenen Ernstes und meiner Bemühung sein. Was soll da das Warten auf Einen, der von anderswoher kommt?

Das wäre aber nicht richtig gedacht. Gewiß muß ich, was mein Eigenstes angeht, selbst wollen und leisten; doch wäre das nicht alles und nicht einmal das Entscheidende.

Was gibt es Wichtigeres, als daß ich in meinem Leben den Freund finde? Ein Freund ist einer, der nicht nur an sich denkt, sondern auch an mich; dem daran liegt, daß es mit mir richtig werde. Etwas Großes und Kostbares ist also ein Freund. Kann ich ihn mir aber selbst schaffen? Gewiß nicht! Oder ihn mir irgendwo holen? Doch ebensowenig. Ich kann empfänglich und wachsam sein, damit ich es merke, wenn ein Mensch mir nahekommt, der für mich wichtig werden kann – aber er muß kommen! Herkommen aus dem unabsehbaren Raum des menschlichen Lebens. Bei irgendeiner Gelegenheit begegnen wir einander, kommen ins Gespräch, und dann entwickelt sich jenes Fruchtbar-Schöne, das man Freundschaft nennt...

So ist es auch mit der Liebe. Der Mann bedarf der Frau, die ihm Gefährtin, und die Frau des Mannes, der ihr Heimat sein könne, damit sie dann miteinander jene lebendige Welt schaffen, die Familie und Haus heißt – kann aber der Eine sich den Anderen herstellen? Abermals nicht. Er kann ihn suchen; aber Suchen heißt Absichten haben, und wie leicht verdirbt die Absicht alles. Nein, sondern der Andere muß kommen, aus der Weite der Welt, aus der Vielzahl der Menschen, irgendwann einmal auf ihn zu...

Wenn wir uns genau besinnen, dann ist es mit unserem Beruf, unserer Lebensarbeit, unserer Stellung im Ganzen des Daseins ähnlich. Manches davon können wir erringen – Anderes aber und nicht Unwichtiges muß sich aus den Fügungen des Lebens ergeben. Die Möglichkeit muß sich öffnen; ich muß sehen: hier, jetzt – und dann zugreifen. Wohl bin dann ich selbst es, der zugreift und leistet, aber die Möglichkeit vorher hat sich mir aufgetan...
Vieles, Wichtiges, Entscheidendes ruht auf Fügungen und Begegnungen, die ich nicht selbst habe machen, mit eigener Kraft erzwingen können. Sie sind gekommen, haben sich mir gegeben.

Auf einem Kommen ruht auch unser Heil. Den, der es wirkt, den Erlöser, haben die Menschen nicht selbst erdenken noch hervorbringen können; Er ist aus dem Geheimnis von Gottes Freiheit zu ihnen gekommen. Wie oft haben sie es versucht! In allen Völkern erscheinen uns Heilbringergestalten, die aus dem Erlebnis der Daseinsnot hervorgegangen sind. Sie tragen die Züge der Griechen und Römer, Inder und Germanen und verkörpern in ihrem Bild, was ihr Volk und ihre Zeit unter Heil verstanden haben. Weil sie aber aus der Welt geboren worden, haben sie die Welt nicht ins Freie führen können; und weil sie aus dem Stoff der Zeit gebildet sind, sind sie mit ihr vergangen.
Der wirkliche Erlöser ist aus der Freiheit Gottes gekommen: in ein kleines Volk, das wohl kein Rat der

Völker gewählt haben würde; in eine Zeit, die niemand als die richtige erweisen könnte; in eine Gestalt, angesichts derer uns, wenn es uns gelingt, die Gewohnheit abzustreifen, das Staunen befällt: warum gerade in diese? So besteht die Entscheidung des Glaubens zu einem guten Teil darin, die eigenen Maßstäbe des Richtigen und Ansprechenden wegzutun und den aus Gottes Freiheit Hertretenden aufzunehmen: „Hochgelobt, der da kommt im Namen des Herrn!“ (Mt 21,9)

Das sagt uns der Advent. Jedes Jahr mahnt er uns, das Wunder dieses Kommens zu bedenken. Erinnert uns aber auch daran, daß es seinen Sinn erst dann erfüllt, wenn der Erlöser nicht nur zur Menschheit im Ganzen, sondern auch zu jedem Menschen im Besonderen kommt: in dessen Freuden und Nöte, Einsichten, Ratlosigkeiten und Versuchungen, in alles das, was sein nur ihm eigenes Wesen und Leben ausmacht. Er soll inne werden: Christus ist mein Erlöser; Jener, der mich bis in mein Eigenstes kennt, mein Schicksal in seine Liebe nimmt, mir den Geist erhellt, das Herz berührt und den Willen zum Rechten wendet.

So ist der Advent die Zeit, die mahnt, daß wir uns fragen, jeder in sein Gewissen hinein: Ist Er zu mir gekommen? Weiß ich um Ihn? Ist Vertrauen zwischen Ihm und mir? Ist Er mir Lehrer und Meister? Daraus aber sofort die weitere Frage: Steht in meinem Innern die Türe für Ihn offen? Und der Entschluß: Ich will sie auftun.

Wie könnte das geschehen?

Wir wollen ins Ganz-Praktische gehen: was könnten wir tun? Vor allem uns bemühen, etwas von Ihm zu erfahren. Wir könnten uns ein Buch nehmen, das von Ihm spricht, und darin lesen, an jedem Tag dieser Wochen, die zum Weihnachtsfest führen. Aber nicht so lesen, wie wir es tun, um uns über irgend etwas zu unterrichten, sondern mit offenem Herzen, im Verlangen des Geistes. So lesen, daß uns aus den Worten die lebendige Wahrheit entgegenkommen könne; in jener Weise, die Augustinus meint, wenn er in seinen „Bekenntnissen" erzählt, wie er an die Schriften Plotins geraten und ihm daraus die Geistigkeit Gottes aufgegangen sei. „Und ich vernahm", sagt er, „wie man mit dem Herzen vernimmt." Der ganze Augustinus ist in dem Wort – aber auch der Mensch überhaupt; denn wenn ein Großer aus seinem Eigensten redet, dann redet in ihm das Wesen aller. „Und", sagt er weiter, „keine Möglichkeit war mehr, zu zweifeln." (Conf. 7,10) So soll uns Jesus Christus klarwerden; „einleuchten", wie das schöne Wort sagt; sein Wesen, sein Tun und sein Schicksal.

Damit das aber geschehen könne, ist mehr nötig als bloßes Lesen und Denken. So unerläßlich das sein mag, es genügt nicht. Denn was da erkennen soll, ist tiefer als der natürliche Geist; tiefer als das Herz, das die Geburt uns gegeben hat. Es ist der „neue Mensch" in uns, der „aus Gott geboren" ist und ins ewige Leben wächst (Joh 1,13). So sagt Augustinus, wo es um die Wahrheit gehe, gebe es wohl den *magi-*

ster exterius docens, „den Meister, der von außen her lehrt“: also den Menschen, der zu uns spricht, oder das Buch, das wir lesen. Deren Worte bleiben aber äußerlich, solange der *magister interius docens*, „der von innen her lehrende Meister“ nicht redet. Der aber ist Gott.

Es genügt also nicht, nur zu lesen und zu denken; wir müssen auch beten. Einer kann die Texte des Alten und Neuen Testamentes im Kopf haben, mit dem Stand der Leben-Jesu-Forschung vertraut sein und doch das Eigentliche nicht wissen. Wir müssen bitten, Der, der allein vom lebendigen Christus weiß, der Heilige Geist, möge wirken, daß die heilige Gestalt des Herrn uns einleuchte. Daß uns geschehe, was Johannes meint, wenn er sagt: „Wir haben seine Herrlichkeit geschaut, eine Herrlichkeit als des Eingeborenen vom Vater, voll Gnade und Wahrheit“ (1,14). „Epiphanie“, nicht nur des Geistes, sondern auch des Herzens. Das Aufgehen der Augen und das Berührtwerden des Gemütes in Einem.

Dann kommt die Gestalt Christi aus dem bloßen Geredet-sein heraus. Er wird wirklich, wird nahe, und zwischen Ihm und uns entsteht jene Verbundenheit, welche Gehorsam, Treue, Vertrauen, Einvernehmen ist und „Glaube“ heißt. Wirklicher Glaube, nicht bloßes „Für-wahr-halten“. Letzteres ist die äußere Ordnung; wirklicher Glaube aber ist die Klarheit im Geiste, das Berührtsein im Herzen, das lebendige Bewußtsein der heiligen Wirklichkeit. Das kann nur Gott geben, aber wir müssen Ihn darum bitten.

Das wäre das Zweite, was wir im Advent tun können.
Ich glaube aber, wir müssen noch ein Drittes hinzunehmen, nämlich daß wir die Liebe üben. Man kann Christus nicht so erkennen, wie man irgendeinen Menschen der Geschichte erkennt, sondern nur aus jener inneren Tiefe heraus, die in der Liebe wach wird.
Vielleicht wendet man ein: Was sagst du da? Man könne Christus nur erkennen, wenn man ihn liebe – wie soll ich Ihn aber lieben, wenn ich noch nichts von Ihm weiß? Das ist richtig – obwohl die Liebe ja viele Stufen hat, und schon im ersten Suchen Liebe sein kann, indem sie mehr ist, als bloßes Wissen-Wollen. Aber lassen wir das auf sich beruhen, und denken wir daran, daß es Liebe zu Christus ist, wenn wir seine Brüder lieben. Johannes sagt in seinem Ersten Brief: „Denn wer seinen Bruder nicht liebt, den er sieht, kann Gott nicht lieben, den er nicht sieht." (4,20)
Also wollen wir in diesen Tagen die Liebe üben, damit uns die Augen für Christus aufgehen. Wollen es dort tun, wo wir stehen, an den Menschen, mit denen wir leben: ihnen das Recht geben, zu sein, wie sie sind; sie immer aufs neue annehmen und in Freundlichkeit mit ihnen auskommen... Von diesem nächsten Bereich um uns her, unserer Familie, unserer Freundschaft, unserem Beruf breitet sich die Liebe dann zu denen aus, die ferner sind – je nach der Weise, wie das Leben ihr Wesen und ihre Not an uns heranträgt.

Diese drei Dinge gehören zusammen. Zuerst das Suchen und Denken und Lesen, damit unser Wissen von Christus reicher werde. Denn fragen wir uns doch einmal in Ehrlichkeit: Was lese ich alles im Laufe einer Woche? Wieviel davon ist überflüssig? Wieviel nichtsnutzig? Und wieviel Zeit wende ich an Bücher, die vom Wichtigsten sprechen? Wenn wir ernstlich fragen und ehrlich antworten, werden wir uns wahrscheinlich schämen.

Das Zweite ist, daß wir Gott bitten, Er möge uns erleuchten. Dazu genügen die einfachsten Worte. Wollen wir aber Texte voll göttlicher Kraft, dann stehen sie zu Gebote; denken wir nur an die beiden herrlichen Hymnen *Veni Creator Spiritus*: „Komm, Schöpfer Geist“ und *Veni Sancte Spiritus*: „Komm, o Geist der Heiligkeit“, die beide im Meßbuch stehen.

Das Dritte ist, daß wir der Erleuchtung den Weg öffnen, indem wir die Liebe üben. Nicht in bloßen Worten, sondern im Ernst; nicht in Gefühlen, sondern im Tun.

Wirklicher Advent entsteht aus dem Innern. Aus dem Innern des glaubenden Menschenherzens und, nein vor allem, aus der Tiefe von Gottes Liebe. Aber wir müssen Seiner Liebe den Weg bereiten. Nicht umsonst erscheint im Evangelium der Messe vom vierten Adventssonntag die Gestalt des Vorläufers, und die „Stimme eines Rufers in der Wüste“ ertönt: „Bereitet den Weg des Herrn, macht gerade seine Pfade! Jedes Tal soll ausgefüllt, und jeder Berg und

Hügel soll abgetragen werden. Was krumm ist, soll gerade, und die unebenen Wege sollen eben werden. Und alles Fleisch wird schauen Gottes Heil." (Lk 3,4–6)

Die Prüfung Johannes' des Täufers

Im Evangelium des dritten Adventssonntags erhebt sich Johannes der Täufer und verkündet das Kommen des Erlösers. Es heißt da:

„Dies ist das Zeugnis des Johannes, als die Juden von Jerusalem Priester und Leviten zu ihm sandten, daß sie fragen sollten: ‚Du – wer bist du?' Und er bekannte und verschwieg nicht und bekannte: ‚Ich bin nicht der Messias!' Da fragten sie ihn: ‚Wer also? Bist du Elias?' Er sprach: ‚[Der] bin ich nicht.' ‚Bist du der Prophet?' Er antwortete: ‚Nein!' Da fragten sie ihn: ‚Wer bist du? Damit wir denen Antwort bringen können, die uns gesandt haben. Was sagst du von dir selbst?' Er sprach: ‚Ich bin die Stimme des Rufenden in der Wüste: Bereitet den Weg des Herrn, wie Isaias, der Prophet, gesagt hat.'

Die Abgesandten waren aus den Pharisäern. Und sie fragten ihn: ‚Warum taufst du dann, wenn du nicht der Messias bist, noch Elias, noch der Prophet?' Antwortete ihnen Johannes und sprach: ‚Ich taufe [nur] im Wasser; aber mitten unter euch steht Einer, den ihr nicht kennt, der nach mir kommt, [der vor mir gewesen ist], dem die Schuhriemen zu lösen ich nicht würdig bin!' (In anderem Zusammenhang [Lk 3,16] sagt Johannes weiter: „Er wird euch mit Heiligem Geist und Feuer taufen.")

Dies ist zu Bethanien geschehen, jenseits des Jordans,

wo Johannes sich aufhielt und taufte." (Joh 1,19–28) An anderer Stelle hat das Evangelium berichtet, wie Johannes seinen Eltern in deren hohem Alter geboren wurde und wie er, an Kraft des Geistes erstarkend, heranwuchs, bis er in „die Wüste", das heißt, die steinige Einöde im Osten von Palästina ging (Lk 1,5–25.57–80) und dort das harte Leben der Prophetenschüler führte.

Dann hat es geheißen: „Der Ruf Gottes erging an Johannes, des Zacharias Sohn, in der Wüste." (Lk 3,2) Was das bedeutet, lernen wir aus den prophetischen Büchern des Alten Testamentes. Gott ist nicht der in seine Absolutheit gebundene Allgeist, sondern der „Lebendige": Er wirkt Geschichte. Sein Ruf trifft den Menschen, den Er erwählt hat, im Innersten seines Innern; im Lauschen der Ihm zugewandten Wachsamkeit: Steh auf und rede!

So verläßt Johannes die Einsamkeit, geht in die bewohnten Gegenden und verkündet die Botschaft: „Ändert euren Sinn, das Reich der Himmel ist nahe." (Mt 3,2) Der Messias wird das Reich heraufführen; das aber wird Gericht bedeuten: „Schon ist die Axt an die Wurzel der Bäume gesetzt. So wird jeder Baum, der nicht gute Frucht bringt, herausgehauen und ins Feuer geworfen." (Mt 3,10) Furchtbar wird das Gericht des Messias sein: „Seine Wurfschaufel ist in seiner Hand, und Er wird seine Tenne reinigen. Seinen Weizen wird Er in die Scheune sammeln, die Spreu aber verbrennen in unauslöschlichem Feuer." (Mt 3,12)

Die Menschen schrecken auf; sie fühlen das Nahende: „Da ging Jerusalem zu ihm hinaus und ganz Judäa und die ganze Gegend am Jordan, und sie ließen sich von ihm im Jordanfluß taufen und bekannten ihre Sünden." (Mt 3,5–6) Es ist die „Taufe zur Buße" (Mt 3,11), Zeichen der Bereitschaft: im Element des Wassers soll das Alte, Schuldig-Verfallene sich aufgeben und Neues soll werden, lebendige Bereitschaft für Gottes Reich.

Dann wird erzählt, wie eines Tages Jesus zum Jordan kommt und ebenfalls die Taufe verlangt. Johannes erschrickt. „Taufen" kann nur der Träger von Vollmacht: wie soll er solche an Jenem ausüben, der „alle Macht haben" wird? Jesus aber beharrt auf seinem Verlangen. In der Menschwerdung ist Gottes Sohn Einer von uns geworden. Der Heilige hat die Schuld der Welt auf sich genommen und ist dadurch, wie Paulus sagen wird, „Sünde geworden" (2 Kor 5,21). Dafür steht Jesus ein; so antwortet Er dem Fragenden: „‚Laß es jetzt geschehen; denn uns geziemt es, daß wir so jegliche Gerechtigkeit erfüllen.' Da ließ er Ihn zu." (Mt 3,13–15)

Der Demut des Erlösers antwortet das Zeugnis aus der Höhe: „Als aber Jesus getauft war, stieg Er sogleich aus dem Wasser herauf. Und siehe, der Himmel öffnete sich, und Er sah den Geist Gottes wie eine Taube herabsteigen und auf sich zukommen. Und siehe, eine Stimme vom Himmel sprach: ‚Dieser

ist mein geliebter Sohn, an dem Ich mein Wohlgefallen habe.'" (Mt 3,16–17)
Jesus aber tut nicht, was doch zu erwarten wäre; beginnt nicht mit der Verkündung der „guten Botschaft". Wie in geheimem Einvernehmen mit seinem Vorläufer läßt er diesem noch das Wort und geht selbst in die Wüste, um dort in tiefer Stille seinem Vater zugewendet zu sein, „vierzig Tage und vierzig Nächte lang" (Mt 4,1–2). Immer noch ist es Johannes, der, wenn man so sagen darf, mit der Macht seiner Sendung das Feld beherrscht.
So tut er auch, was die Propheten getan haben: sagt den Mächtigen Gottes Meinung. Er tritt vor Herodes und hält ihm sein Unrecht vor: „Es ist dir nicht erlaubt, deines Bruders Frau zu haben" (Mk 6,18). Der aber antwortet, wie die Mächtigen zu antworten pflegen, wenn der Beauftragte Gottes sie zur Rede stellt: er „fügte zu allem auch noch dies hinzu, daß er Johannes in den Kerker werfen ließ" (Lk 5,20).
Nun ist Jesu Stunde da. Wie Ihm berichtet wird, Johannes sei im Kerker, beginnt er in der Vollmacht des Gekommenen die Botschaft zu verkünden, die der Täufer als Herold vorausgetragen hat: „Erfüllt ist die Zeit und herangekommen Gottes Reich. Ändert euren Sinn und glaubet der guten Botschaft." (Mk 1,14–16) Was wird Johannes nun tun?

Er lebt ganz im Geiste des Alten Testamentes. Gott ist der König Israels. Er wird den Messias senden, daß Er das Reich aufrichte; dessen Kommen wird aber zuerst ein Tag des Zornes, ein Gericht sein. Gericht über die Feinde des Gottesvolkes, aber auch über dieses Volk selbst, denn Er wird zwischen denen scheiden, die bereit sind, dem Ruf zu folgen, und jenen, die sich wider Ihn stellen.

Johannes sieht im Messias vor allem den Furchtbaren, der Gottes Zorn vollstreckt. Sein Wort wird wie ein Sturmwind durch das Land fahren und die Menschen nach ihrer Gesinnung scheiden. Er wird es machen wie der Bauer nach der Ernte. Der drischt das Getreide auf der hochgelegenen Tenne und wirft dann mit der Schaufel den Drusch quer durch den Wind. Die schweren Körner fallen zu Hauf; die Spreu aber wird zur Seite geweht, zusammengefegt und verbrannt. So wird der Messias die Verworrenheit lichten und offenbar machen, wer zum Reich gehört und wer verworfen ist.
Nun aber wird Johannes berichtet, daß nichts dergleichen geschieht. Jesu Wort hat einen ganz anderen Klang, als ihn einst das der großen Propheten gehabt hat. Anders auch als der seines eigenen Wortes, das von der Axt gesprochen hat, die schon an den Fuß des unfruchtbaren Baumes gesetzt ist; vom Wind, der das Druschgemenge durchfahren, und von der Flamme, welche die Spreu verzehren soll. Jesu Tun und Verhalten, der ganze Charakter seiner Persönlichkeit sind anders. Er sammelt keine Kämpfer um sich und führt keinen Angriff vor. So ist auch das Bild des Gottes, den Er verkündet, anders als jenes, das

sich im Gerichtsruf des Propheten erhoben hat, denn Jesus redet von Liebe; väterlicher, verzeihender, sorgender Liebe, die sich auf alle Menschen richtet. Wohl spricht Er das Wehe über die Reichen und Mächtigen, die dem Geld und dem Weltgenuß verfallen bleiben; aber so, daß Er sie zur Umkehr mahnt, denn auch ihnen gilt die Erlösung.
Von dem Stoß, der nach des Johannes Erwartung das Land erschüttern soll und auf den er mit der ganzen Leidenschaft seiner großen Seele wartet, ist nichts zu spüren – so erhebt sich in ihm die bedrängende Frage: Ist dieser Jesus von Nazaret wirklich Jener, der die große Scheidung bringen soll? Und er schickt seine Jünger zu ihm, daß sie Klarheit verlangen: „Bist Du es, der da kommen soll, oder sollen wir auf einen Anderen warten?" (Lk 7,19)

Man hat gesagt, die Worte des Täufers dürften nicht so verstanden werden. Der Mann, den Gott belehrt und gesendet habe, sei gegen solche Anfechtungen gehärtet; er stehe wie ein Fels. Wenn er frage, dann nur, um seinen Jüngern Gewißheit zu geben. Das klingt sehr eindrucksvoll – wird aber dabei nicht vergessen, daß der Prophet ein Mensch ist? Gewiß, wenn er die Botschaft verkündet, wird er nie Anderes sagen, als was Gott ihm aufgetragen hat – wie ist es aber mit seinem persönlichen Leben? Gibt es darin nicht auch dunkle Stunden? Stunden der Entmutigung und der Schwäche? Wir brauchen doch nur in das Leben der Propheten des Alten Testaments zu blicken, um die Wahrheit zu sehen. Denken wir an den Gewaltigsten von ihnen, Elias: nachdem der den Kampf gegen das Heidentum im Volke zum Sieg geführt hat, erreicht ihn die Botschaft der haßverhärteten Königin und sagt ihm den Tod an. Da bricht seine Kraft zusammen: er „fürchtete sich und machte sich auf den Weg, um sein Leben zu retten. So kam er nach Beerseba in Juda und ließ dort seinen Diener zurück. Er selbst ging eine Tagesreise in die Wüste hinein und setzte sich unter einem Ginsterstrauch nieder. Da wünschte er sich den Tod und sprach: ‚Jetzt ist es genug, o Herr! Nimm mein Leben hin, denn ich bin nicht besser als meine Väter'" (1 Kön 19,3–4). Und war doch Prophet, und ist es auch jetzt noch in all seiner Ohnmacht. Aber er erfährt, daß der Bote des Lebendigen Gottes kein mythisches Wesen ist, sondern Mensch „wie seine Väter", und nimmt es an.

Von hierher müssen wir verstehen, was dem Täufer geschieht. Er ist Prophet, der letzte in ihrer Reihe. Jener, den Jesus den „größten der vom Weibe Geborenen" genannt hat (Mt 11,11), und dennoch menschlicher Schwäche verhaftet. Das Zeugnis, mit dem Gott ihn beauftragt hat, widerruft er nicht; aber er selbst, persönlich, wird ratlos. Er kann sich das messianische Gericht nur als Sturm und Feuersglut denken; so läßt er fragen: Was ist das, was da geschieht?

Jesus antwortet: „Geht hin und berichtet dem Johannes, was ihr hört und seht: Blinde sehen, Lahme

gehen, Aussätzige werden rein, Taube hören, Tote stehen auf, Armen wird das Evangelium verkündet." (Mt 11,4–5; Jes 35,5f; 61,1) Er ruft die Prophetie vom Messias an und sagt: Sie ist in mir erfüllt. Dann aber fügt Er hinzu: „Selig, wer an mir kein Ärgernis nimmt!" Diese Warnung ist mit dem Selbstzeugnis des Messias unlöslich verbunden. Ich bin es; du aber, der du sein Zeugnis verlangt hast und es nun hörst, hüte dich, daß du kein Ärgernis nehmest!
Was Johannes weiter getan hat, erfahren wir nicht. Das Evangelium berichtet nur noch von seinem Tod (Mt 14,1–12); aber die Kirche zeigt uns in unzähligen Zeugnissen seine Gestalt unter den Heiligen. So mögen wir darüber nachdenken, wie der Gewaltige in der Einsamkeit des Kerkers sich dem Gericht des Messias, der auch sein Erlöser war, gestellt und auch für seinen Teil die „Umsinnung" vollzogen hat, die von Allen gefordert war.

Doch kehren wir noch einmal zu Jesu Warnung zurück. Der deutsche Ausdruck „Ärgernis" verdeckt leicht ihren Sinn. Was er meint, ist keine Erregung des Zornes, sondern das, was geschieht, wenn etwas dem Gehenden zum „skandalon", zur Falle wird, und er darin zu Schaden kommt, hier zum Schaden an seinem Heil. Der zum Glauben Gerufene nimmt Ärgernis, wenn der, der ihn ruft, eine Eigenschaft oder eine Handlung vollbringt, die ihm Anlaß, sagen wir richtiger, Vorwand gibt, den Glauben zu verweigern. Ein schweres Geheimnis: Das, was von Gott

kommt und Wahrheit offenbart, was Glauben fordert und dem Glaubenden das Heil bringen will, ist mit etwas verbunden, das die Gefahr in sich schließt, mißverstanden zu werden, und dem im Menschen, was der Forderung widerstrebt, eine scheinbare Rechtfertigung für diesen Widerstand zu geben. Die Wahrheit kommt nicht in offener Göttlichkeit, sondern in menschlicher Gestalt und also Verhüllung zu uns – siehe Phil 2,7 –, so gerät der Angerufene in Gefahr, zu sagen, was sich in solcher Weise darstelle, könne die zur Glaubensforderung befugte Wahrheit nicht sein.
Ist das aber hier der Fall? Stellt sich das, worin der Ruf zum Glauben an Johannes herantritt, so dar, daß dieser darin eine Art Berechtigung finden könnte, zu sagen, hier sei ja gar keine wirkliche Offenbarung? Allerdings, so ist es. Johannes hat sein Urteil, wie der Messias sein werde, aus jenen Elementen der Weissagung gebildet, die ihn als den unerbittlichen Richter, als den Vernichter der Gottesfeinde hinstellen. So mochte der letzte der Propheten, vom Zorneseifer der großen Erschütterer erfüllt, wirklich versucht sein, zu sagen: Dieser Sanfte da, der immer nur von Liebe redet, immer nur hilft und tröstet und heilt; um den hier nichts zu sehen ist vom Blitzen des Gotteszornes, nichts zu spüren vom Beben der erschrockenen Kreatur – das kann der nicht sein, den die Propheten verkündet haben! Darum sendet Jesus ihm das Wort der Warnung zu: Hüte dich, daß du die Gestalt des Messias nicht dahin verstehest, wie es dei-

ner Gemütsart gefällt, und dadurch für die hohe Wirklichkeit blind werdest, die sich nur durch sich selbst offenbart!

Aber wir sind noch nicht am Ende, denn Jesu Mahnung richtet sich an jeden, der vom Messias angeredet wird.
Am Schluß des Prologs zum vierten Evangelium heißt es: „Gott hat niemand je gesehen." (Joh 1,18) Wer der wirkliche Gott sei, wissen wir von uns aus nicht. Wie wahr das ist, merken wir, wenn wir einmal prüfen, was die Menschen alles über Ihn gedacht haben. Sie haben Ihn als die Urmacht empfunden, die im Gewitter, im Meer, in der Sonne, in aller Natur waltet; haben Ihn als den „Vater der Götter und Menschen" verehrt; Ihn als das Wesensgesetz der Welt und die treibende Kraft der Geschichte vorgestellt, und wie immer noch. Den wirklichen Gott, den lebendigen, der in reiner Freiheit und Großmut die Welt erschaffen hat; der jeden Menschen in das Einvernehmen des Gehorsams und der Liebe ruft – den hat uns erst die Offenbarung kundgetan.
Und wie ist dies geschehen? Zuerst im langen Anlauf des Alten Testaments, durch die Taten Gottes und das Wort der Propheten; dann, in ihrer Fülle und letzten Klarheit, durch Jesus Christus. So fährt denn der Satz, den wir soeben angeführt haben, fort: „Den einziggeborenen Sohn, der am Herzen des Vaters ist – Ihn hat Jener selbst uns kundgetan." Und das auf einem Wege von so göttlicher Kühnheit, daß kein

Menschengedanke ihn erdenken könnte: indem Er Mensch wurde. Damit aber die Aussage ganz eindeutig sei, heißt es einige Verse früher: Er „ist Fleisch geworden“ (Joh 1,18.14). Der lebendige Christus war die Offenbarung einfachhin. Nicht bloß, was Er gesagt, sondern auch, was Er getan hat und was Ihm widerfahren ist. Mehr, was Er gewesen ist – und wie fühlen wir den unsäglichen Vorzug jener, die sein Antlitz schauen, die Gebärde seiner Hände empfinden durften! Alles das war Offenbarung, lebendig seiendes Wort, in welchem das Verborgene offen wurde.

Wenn wir den Apostel fragten, wie Gott gesinnt sei – dann würde seine Antwort lauten: so, wie Jesus gesinnt ist. Wer christlich von Gott reden will, darf nicht über das absolute Wesen philosophieren, sondern muß mit dem Satz beginnen: Gott ist so, wie Er sich in Jesus kundtut.

Da aber wird ein Gott offenbar, den kein vom eigenen Herzen her empfindender Frommer, kein von der Welt her denkender Philosoph je geahnt hat: der vollkommen Freie, der uns endliche Menschen liebt. Nicht nur Güte für uns hat; auf den Gedanken, Gott sei gütig, könnten wir auch aus uns selbst kommen. Wir würden Schwierigkeiten haben, denn das Dunkel der Schicksale in dieser Welt, das Meer des Leidens überall würde uns zu schaffen machen. Wenn wir uns aber nicht beirren ließen, würden wir im letzten doch wohl erkennen, seine Gesinnung müsse Güte sein. Nicht aber kämen wir auf den Gedanken,

Gottes Gesinnung sei Liebe, und zwar Liebe im Ernst. Also nicht bloß Wohlwollen, oder Fürsorge, oder spendender Reichtum, sondern jenes Ungeheure, von welchem der Glaube spricht: Er habe gewollt, die Welt solle Ihm selbst wichtig sein; so wichtig, daß Er „für sie seinen Sohn hingeben" würde, wie wiederum Johannes sagt (1 Joh 4,9). Das ist aber die Herzwahrheit der Guten Botschaft, die nicht verfehlt werden darf, weil sonst alles verfehlt wird. Sie wird uns erst aus Christi Reden und Tun und Schicksal deutlich.

Zugleich aber und ebendaraus entsteht auch, was den Herrn der Offenbarung veranlaßt hat, zu sagen: „Selig, wer an Mir kein Ärgernis nimmt!"

In der Person Jesu, in seinem Leben und Schicksal übersetzt Gott – der Enthobene, von dem niemand weiß – sich selbst in menschliche Sprache und Gestalt, menschliches Tun und Geschick... Ist diese Tatsache uns einmal wirklich nahegekommen? Daß Jesu Dasein die Übersetzung Gottes ins Menschliche ist? Und es wäre das schönste Buch über Gott – das freilich noch nicht geschrieben worden ist –, wenn Einer, dem die Augen und das Herz ebenso gesegnet wären wie das Wort, aus Seinem Reden, aber auch aus jedem Tun, jedem Widerfahrnis, jeder Gebärde Jesu den lebendigen Gott heraushöbe, der darin „erscheint".

Doch diese Tatsache, daß Gott da, ins Menschliche übersetzt, auf uns zukommt; daß wir Ihn, wie Johannes sagt, sehen, hören, mit Händen greifen können (1 Joh 1,1–3) – besteht nicht die Gefahr, daß etwas Widerstrebendes in uns sie zum Anlaß nehme, zu sagen: So kann Gott nicht sein? Der Gott, dessen Offenbarung uns in die Wahrheit bringen soll, kann nicht sein, wie Er aus alledem deutlich wird: der Not ausgesetzt, von Menschen bekämpft und schließlich zu Tode gebracht? Droht da nicht das Geheimnisvoll-Furchtbare, daß gerade das, was offenbart, die Offenbarung aufhebe? Daß das, worin Epiphanie aufleuchten soll, zur Hülle werde, die sich über das Licht zieht? Daß Gott, indem er sich zu uns hin übersetzt, in eben dem verschwinde, was bestimmt ist, ihn gegenwärtig zu bringen?

Und genau das ist es ja doch, was sich seit Jesu Heimgang immerfort vollzieht! Die Menschen blicken auf seine Gestalt, aber in dem, worin ihnen Gott offenbar werden will, nämlich seine Menschlichkeit, verfangen sie sich und sehen das Erscheinende nicht mehr. Dann sagen sie: Er war ein Mensch, aus dem und dem Volk geboren; hat in diesen geschichtlichen Bezügen gelebt; ist mit den Machthabern jener Situation zusammengestoßen und hat eines Todes sterben müssen, wie man ihn damals verhängte, wenn man einen Menschen nicht allein in seinem physischen Leben, sondern auch in seiner Ehre und bürgerlichen Geltung vernichten wollte. Ähnliches ist aber auch sonst geschehen. Auch anderswo hat es Menschen gegeben, die religiös ergriffen waren, eine Heilslehre ver-

kündet haben und um dieser willen gestorben sind! Er war einer von ihnen; bei ihm von verbindlicher Offenbarung zu reden, heißt Mythik treiben ... Das ist Ärgernis: der Lebendige Gott verschwindet in dem, was Ihn offenbar machen soll.
So ergeht an Jeden, der Jesus begegnet, ein doppeltes Wort. Das eine lautet: „Das Reich Gottes ist herbeigekommen, ändert euren Sinn und glaubet an die gute Botschaft." (Mk 1,15) Das andere: „Selig bist du, wenn du kein Ärgernis an Mir nimmst" – welches Ärgernis sich nachher fortsetzt in dem an der Kirche; an den Menschen, die sie leiten; an der Sprache, die sie sprechen; an den Fehlern und Verstrickungen, denen sie verfallen ...
Freilich dürfen wir, um diesem Ärgernis zu widerstehen, auch nicht tun, was ebenfalls immer wieder geschehen ist, nämlich in Jesus nur den über alles Menschliche Erhabenen sehen, Ihn ins Nur-Göttliche stilisieren. Dann würde ebensowenig echte Offenbarung geschaut, sondern eine bloße Vollkommenheitslehre entwickelt. Wir müssen vielmehr seine ganze, dichte Menschlichkeit festhalten und aus ihr heraus empfangen, was vom „unzugänglichen Licht" Gottes her zu uns kommt.

Der so Gemahnte wird aber fragen: Wie soll ich das können? Wie soll ich Jesu Menschlichkeit – ebenso wie die Menschlichkeit dessen, was von ihm herkommt, nämlich der Kirche und des ganzen christlichen Daseins –, wie soll ich das in den Blick bekom-

men und daraus zugleich die Offenbarung Gottes erschauen?
In der Bergpredigt spricht Jesus das Wort: „Selig, die reinen Herzens sind, denn sie werden Gott schauen." (Mt 5,8) Meistens bezieht man es auf die Erkenntnis, die Gott in der Ewigkeit Jenen geben wird, die ihr Herz geläutert haben. Das ist aber jedenfalls nicht der volle Sinn. Der bezieht sich schon auf dieses irdische Leben und sagt: Gott hier, in der Gestalt seiner Offenbarung zu schauen, werden jene fähig, die reinen Herzens sind.
Sofort muß freilich auch richtig verstanden werden, was diese Reinheit meint: nicht nur, ja nicht einmal zuerst, daß das Herz vom Sinnlich-Niedrigen frei sei, sondern daß es die rechte Liebe habe. Das „reine Herz" ist das in der rechten Weise liebende Herz – jenes, das nach dem Wirklich-Kostbaren und Beseligenden verlangt, nämlich nach Gott, seiner Wahrheit und Gerechtigkeit. Die etwas von dieser Reinheit haben, blicken in das Geheimnis der Offenbarung. Sie durchdringen die Verhüllung und sehen, was aus ihr hervorleuchtet.

Der Sinn der Weihnachtsbotschaft

Wer heute einen Gedanken der christlichen Botschaft aussprechen will, kommt in eine große Schwierigkeit. Sobald er die Worte verwendet, die von jeher diesem Gedanken Ausdruck gegeben haben, merkt er, daß er sich auf sie nicht mehr verlassen kann. Wie sie im Gebrauch der Zeit umgehen, ist ihr Sinn blaß und uneigentlich geworden, ins Allgemein-Kulturelle oder ins Gefühlsmäßige gegangen. Ja, er hat sich vielfach verändert, so daß der gewissenhaft Sprechende vor die Aufgabe der „Unterscheidung des Christlichen" gestellt wird. Er muß die Worte gegen die Angleichungen und Verfälschungen absetzen, denen sie weithin verfallen sind. Er muß ihnen wieder ihren echten Sinn geben; sie klar und verläßlich machen.

Das ist mühsam, denn die Sprache sollte ja doch der Raum sein, der nach der Wahrheit gebaut ist, so daß der Sprecher ohne Mißtrauen in ihn eintreten und sich sicher in ihm bewegen kann. Ihre Worte sollten Sinngestalten sein, die als objektives Gedächtnis des Volkes die Einsichten der Vergangenheit aufbewahren, so daß die Gegenwart auf ihnen weiterbauen kann. Statt dessen hat der Sprechende immer wieder das Gefühl, der Grund trage nicht, und die Wege führten nicht richtig. Nun war es immer nötig, über die Verläßlichkeit der christlichen Worte zu wachen.

Denn wenn die heilige Botschaft ist, was sie zu sein beansprucht, steht sie ja zu den Gedanken der Zeit immer quer. Immer holt sie den hörenden Menschen aus dem, was von der Zeit her gedacht wird, heraus, um ihn in das zu führen, was von der Ewigkeit her gilt. Trotzdem war es früher doch wohl leichter, die Worte recht zu sprechen und zu vernehmen. Sie waren noch nicht so tief in die allgemeine Kulturvermengung hineingezogen; so waren sie sauberer und echter. Vielleicht werden sie es im Fortgang der Zeit wieder – dann, wenn sich ein entschieden nichtchristliches Bewußtsein herausgebildet hat, dessen Äußerungen sich nicht mehr verwechseln lassen. Dann wird, könnte man denken, auch das christliche Bewußtsein entschiedener und sein Wort eindeutiger: für die Einen wahrhaftiger Ausdruck von Gottes Botschaft, für die Anderen klarer Anlaß zur Ablehnung.

Wir stehen in der Verworrenheit und tun gut, immer neu die Unterscheidung zu vollziehen. So wollen wir das auch jetzt tun, damit wir besser verstehen, was die Weihnachtsbotschaft meint.

Man darf wohl sagen, daß wir in diesen Wochen von einem wahren Weihnachts-Spektakel umgeben sind. Was da auf den Straßen und in den Geschäften, vor Garagen und in Gaststätten, in Zeitungen und Theatern herumweihnachtet, hat überhaupt keinen religiösen Kern mehr. Industrie und Markt haben sich der überlieferten Symbole derart rücksichtslos bemächtigt, daß man fast wünschen muß, der Unfug möge so grob werden, als nur immer möglich, damit er sich für Jeden als das enthülle, was er ist.

Als was wird denn Weihnachten von Solchen angesehen, die darin, über Sentimentalitäten und kaufmännische Möglichkeiten hinaus, einen ernsteren Sinn empfinden? Für Viele ist es eine von religiösem Hauch umgebene Gelegenheit des Schenkens und Beschenktwerdens; mit alledem erfüllt, was dabei an Güte, Freude und Dankbarkeit, aber auch an Begehrlichkeit und Unzufriedenheit erwacht. Nun kann das Geben und Empfangen wirklich einen Weihnachtssinn haben. Aber nur dann, wenn in ihm eine Erinnerung an die Gaben aus Gottes Reichtum empfunden wird – und wenn man sich bewußt bleibt, daß Weihnachten auch Jener feiern kann, der niemand hat, dem er schenken könnte, noch Einen, der ihm selbst etwas gäbe.
Oder man sagt, Weihnachten sei das Fest der Familie; das Fest der Kinder. Man spricht von der Verbundenheit, die sich da offenbart; von der Verzauberung der Lichter und Lieder; vom Glanz des Ungewöhnlichen, der den Alltag des Hauses für eine kurze Zeit verwandelt und in den Menschen Quellen aufbrechen läßt, die sonst verschüttet sind. Auch das kann wahr sein, aber nur, wenn der Glaube es trägt. Und im übrigen hängt die Wirklichkeit des Weihnachtsfestes nicht von Familie, Kinderfreude und Heimtraulichkeit ab. Auch Jener kann es feiern, der einsam lebt; ob er nun von der Familie entfernt ist, oder überhaupt keine hat.

In den vergangenen Jahren hat man oft gesagt, Weihnachten sei das Fest des wiedergeborenen Lichtes. Man hat von nordischer Urfrömmigkeit geredet, und hätte am liebsten an die Stelle des Christtages wieder das altheidnische Julfest gesetzt. Worum es in ihm aber wirklich geht, ist nicht das irdische Licht mit seinem natürlichen Geheimnis. Sondern als man im vierten Jahrhundert das Weihnachtsfest auf die Winterwende legte – genauer gesagt, einige Tage nach ihr, wenn der Sieg der erstarkten Sonne über das Dunkel klar entschieden ist – sollte damit dem Kult des Sonnengottes Mithras die Botschaft entgegengestellt sein: *Christus Sol!* Nicht das mythische Sonnenwesen, dessen Bild die römischen Legionäre überall hintrugen, sollte gefeiert werden, sondern Jener, der gesagt hat: „Ich bin das Licht der Welt" (Joh 8,12) – so daß der Gang des großen Gestirns, das unsere irdische Lebensordnung bestimmt, zum Symbol seines Erdenganges wurde, in welchem unser neues Leben begründet ist.

So muß nach vielen Seiten hin abgegrenzt und gesagt werden: Weihnachten ist nicht nur das Fest der Schenkenden, sondern auch derer, die nichts zu schenken haben, oder niemand, dem sie es zudenken könnten; nicht nur das Fest der Familie, sondern auch derer, die einsam sind; nicht nur das Fest des wieder erstarkenden Sonnenlichtes, sondern auch dort gültig, wo andere astronomische Verhältnisse bestehen.

Man hat noch eine andere Erklärung gegeben und gesagt, Weihnachten sei das Fest des Heilbringers – jenes Heilbringers, der unserem abendländischen Kulturkreis zugehöre, Christi. Jesus Christus sei einer aus der Reihe jener Helfergestalten, von denen der Mythos vieler Völker spreche. Gilgamesch war ein solcher im babylonischen Kulturkreis; jener Held, der, halb Stern-, halb Menschenwesen, den Kampf gegen die Finsternis führt. Im griechischen Bereich war es Herakles, der sich den Mächten des Chaos entgegenstellt und den Menschen Raum zum Leben und Arbeiten schafft. Im Norden war es Siegfried, der den Drachen, Symbol der feindlichen Mächte, überwindet; hinter ihm aber erscheint als größere Gestalt Baldur, der Sonnengott, den die Finsternis durch Högnis Pfeilschuß zu Fall bringt, der aber aus den Flammen seines Scheiterhaufens immer neu ersteht – und so sind noch manche zu nennen. Einer von diesen wäre Christus, der Heilbringer der großen Wende zwischen dem endenden alten und dem neu heraufkommenden Aion, wie ihn Hölderlin gezeichnet hat.

Oder er wäre ein Mensch gewesen wie alle anderen, hätte aber ein Geheimnis um sich gehabt, etwas nicht Sagbares, so daß der Gedanke des *sotēr*, des Retters, der die damalige, in ihren Tiefen erschütterte Welt bewegte, sich an ihn heften konnte. So wäre er ein Heilbringer eigener Art geworden, einer Zeit gemäß, die nicht mehr richtig mythisch und noch nicht in unserem Sinne geschichtlich dachte, zwischen Mythos und Geschichte schwebend.

Weihnachten würde dann ein Fest der Heilung bedeuten – aber welcher Heilung? Jener, die im allgemein-religiösen Bewußtsein gemeint ist: von der Weltnot in all ihren Formen. Von der Not, in welche das Leben durch die dunklen Mächte kommt: Vergänglichkeit, Finsternis, Hunger, Armut, Knechtschaft, Haß, Neid, Gewalttat. Diese Not aber nicht nur in ihrer unmittelbar irdischen Bedeutung, sondern religiös erlebt; als Ausdruck für das Geheimnis des Daseins, genauer gesagt, des düsteren Elements in ihm. Und Heilung bestünde darin, daß im neu erstarkenden Licht, das von der Finsternis rettet; im Leben des Kindes, welches dem Alternden neuen Beginn schenkt; in der Versöhnung Verfeindeter, welche die Macht des Friedens offenbart, ein Geheimnis des Heils für das Dasein überhaupt deutlich wird.

Diese Gedanken sind tiefsinnig und haben in der Geschichte auch wirklich eine große Rolle gespielt. Die Botschaft der Weihnacht meint aber etwas anderes, und wir können sie nur verstehen, wenn wir sie auch von ihnen abscheiden. Sie hat mit Mythen nichts zu tun. Im Gegenteil, durch sie vollendet sich jene Selbstunterscheidung der Offenbarung von allem Mythischen, wie sie bereits mit der Lehre von der Erschaffung der Welt durch den souveränen, in keinerlei Weltgesetz gebundenen Gott begonnen hat.

Was bedeutet also Weihnachten? Nun müssen wir zum Kern des christlichen Glaubens vordringen, denn nur von ihm her kann die Antwort gegeben werden.

Auch vom Wesen des Christentums gibt es verwaschene und verdorbene Bestimmungen; und auch davon müssen die Worte gereinigt werden, damit der Glaubende sie in Ehren brauchen könne. Das Christentum ist nicht die Religion der Nächstenliebe, oder der Innerlichkeit, oder der Persönlichkeit und was von dieser Art noch gesagt werden mag. Natürlich ist in alledem etwas richtig, aber als ein Zweites, das seinen Sinn nur dann bekommt, wenn das Erste und Eigentliche klar ist. Dieses aber meint, daß in der Offenbarung Gott sich selbst kundtut – in einer Weise, wie keine psychologische Erfahrung oder philosophische Einsicht Ihn kundtun kann.

Das Alte Testament zeigt uns einen gewaltigen Vorgang: wie Gott sich als Den bezeugt, der gegenüber allem, was „Welt" heißt, unabhängig ist. „Ich bin der Ich-bin", antwortet Er auf dem Horeb dem Manne Moses, der Ihn nach seinem Namen fragt (Ex 3,14). Dieser Name lautet also: „Der Ich-bin". Jener Begriff, den jedes Wesen für sich in Anspruch nimmt, und der besagt, daß es sei, statt nicht zu sein, der allgemeinste und darum einfachste, ist für ihn „Name", Ausdruck seiner Einzigkeit. Welch ein Abgrund von Gedanke: daß das Wort „Ich-bin" Gottes Name ist, der als solcher keinem anderen Wesen zukommt! Denn die Welt „ist" nicht einfachhin, sondern sie ist durch Ihn; von Ihm geschaffen, ganz und durchaus und ohne jede Vorgegebenheit. Geschaffen in reiner Freiheit, ohne Nötigung, und sei es auch nur eine solche, die in Gott selbst läge. Sie ist „vor" Ihm; von Ihm her und auf Ihn hin.

Dieser Gott ist Einer – deswegen, weil Er wirklich „Gott" ist, der nie in der Mehrzahl stehen kann. Durch den Lauf der alttestamentlichen Offenbarung hin wird die Botschaft vom einen und einzigen Gott immer wieder verkündet und gegen Widerstände aufrechterhalten, die jede andere Kraft als die Seines Geistes zum Ermatten bringen würden. In einer Umgebung aufrechterhalten, in der es von jedem psychologischen und historischen Gesichtspunkt aus unmöglich sein sollte. Denn der Lebensbereich des jüdischen Volkes lag in den Einflußsphären der gewaltigsten polytheistischen Kulturen: der ägyptischen, der babylonischen, der assyrischen, der persischen, schließlich der griechischen und römischen. Es war schlechterdings ein Wunder – das Wort im sauberen und echten Sinn genommen –, daß dieser Glaube durch nichts hat entwurzelt werden können. Hier wurden alle Verbindungslinien zum Mythos durchschnitten. Denn dieser spricht von der Göttlichkeit der Welt, die sich in immer neuen Formen darstellt; der Gottesglaube der alttestamentlichen Offenbarung hingegen bekennt die absolute Souveränität des Einen Gottes, dem alle Göttlichkeit gehört.

Dann aber geschieht etwas Geheimnisvolles. In der neutestamentlichen Offenbarung; im Bewußtsein

Jesu; in der Weise, wie er von Gott spricht, mit Ihm umgeht, das eigene Dasein auf Ihn bezieht, werden Unterscheidungen deutlich, die mit nichts Mythischem zu tun haben. Dieser Gott ist der Eine und Einzige; aber er ist nicht einsam. In ihm ist ein Geheimnis der Gemeinschaft, ist „Ich" und ist „Du", und die Namen, die Jesus dafür nennt, sind „Vater", „Sohn" und „Heiliger Geist". Diese Namen haben keinerlei Beziehung zu den Generationsvorstellungen des Mythos, seinen Vater- und Sohngöttern, sondern drücken etwas aus, was an sich über alles Begreifen und Aussprechen ist. Sie dürfen aber nicht verlassen werden, weil Gott selbst sie uns gegeben hat, und sie die Eingangstüren in sein Geheimnis sind.

Von diesem Sohn nun wird geoffenbart, daß Er in die Welt eingetreten ist. Das aber in einem unerhörten Sinn. Nicht nur psychologisch, im Gemüt eines tief veranlagten Frommen; nicht nur geistig, in den Gedanken einer großen Persönlichkeit; vielmehr wirklich, geschichtlich, zur personalen Einheit mit einem Menschenwesen. Gott ist Mensch geworden, Sohn einer menschlichen Mutter, Einer von uns – und geblieben, was Er ewig ist, Sohn des Vaters im Himmel. Er, der als Gott in allem war, aber immer „auf der anderen Seite der Grenze", in der ewigen Vorbehaltenheit, ist über die Grenze herübergekommen, und war nun bei uns, mit uns.

Von diesem Ereignis spricht Weihnachten. Das ist sein Inhalt, das allein.

Alles andere – die Freude der Gaben, die Verbundenheit der Familie, das Erstarken des Lichtes, die Heilung der Lebensnot – bekommt von daher seinen Sinn. Alles ist Gleichnis davon. Alles gleitet aber ins Bloß-Menschliche, ins Sentimentale, ja ins Brutal-Geschäftsmäßige ab, wenn das verschwindet.

Noch etwas muß gesagt werden, und möge der Lesende durch sein Mitdenken helfen, daß es deutlich werde.

Wenn wir von so Un-Erhörtem hören; von einem göttlichen Tun, das keinerlei Vorbild kennt; das nichts, aber auch gar nichts zu schaffen hat mit den Mythen von der Vermählung einer Gottheit mit einem irdischen Weibe, so daß ihr Sohn ein Wesen wäre, das zwischen Göttlichem und Menschlichem stünde; vielmehr etwas schlechterdings Einziges ist, dessen Begriff nur aus seiner eigenen Offenbarung heraus entgegengenommen und nur mit deren Worten ausgesprochen werden kann – dann fragen wir unwillkürlich: Warum geschieht das? Wenn das Wort der Menschwerdung Gottes so verstanden werden soll, wie das Neue Testament es uns sagt: Warum tut Gott so? Kann er überhaupt dergleichen tun? Verträgt sich eine solche Aussage mit dem reinen Gottesbegriff? Oder bedeutet sie, wie ja immer wieder behauptet wird, eben doch einen Rückfall in den Mythos? Wie sieht denn der „reine" Gottesbegriff aus, auf den man sich bezieht, wenn man eine religiöse Aussage beurteilen will? Es ist jene Idee, an deren Herausarbeitung zweieinhalb Jahrtausende abendländischen Denkens sich gemüht haben: die Idee des Absoluten. Jenes Seins, jenes Wesens, das von aller Einschränkung frei ist; ewig, unendlich, nach jeder erdenklichen Richtung hin vollkommen. So ist Gott, sagt die Metaphysik, und hat recht. Der Gedanke, mit dem wir Gott denken – zu denken versuchen – kann ja nur der edelste sein. Gott ist der Absolute. Ist er aber nur das? Kann ein nur-absoluter Gott Mensch werden? In dem Ernst und der Wahrheit, wie das Neue Testament es meint? Auf diese Frage werden wir kaum anders als mit Nein antworten können. Mit einem solchen Gottesbild läßt sich ein derartiges Geschehen nicht verbinden. So scheinen wir vor eine böse Entscheidung gestellt: daß wir, um Gottes Souveränität zu wahren, die Menschwerdung wegtun – oder aber, um deren Denkbarkeit zu behalten, ein Gotteswesen annehmen, welches sich einfachhin mit der Welt vereinigen kann, und dann wären wir im Mythos.

Genau hier liegt der Sinnkern der Offenbarung. Die Alternative heißt nicht: das Absolute – oder der Mythos. Gott ist, wie Pascal gesagt hat, nicht der „Gott der Philosophen"; jener also, der in die Notwendigkeitsbegriffe der Absolutheit eingeschlossen wäre, und von dem ein Gedanke wie jener der Menschwerdung als sinnlos abgleiten müßte. Er ist aber auch nicht ein mythisches Numen, das in alle möglichen Verbindungen und Verwandlungen eingehen könnte. Er ist Er, und weist jede Unterordnung unter unsere Begriffe ab. Nein, die Alternative, vor die wir

gestellt sind, richtiger gesagt, die Entscheidung, von der alles abhängt, lautet: ob wir in unserem Leben wirkliche Offenbarung haben wollen oder nicht. Ob wir in unserem Denken vom Urteil Gottes oder von unserem eigenen ausgehen wollen. Mit einem Wort: ob wir glauben oder ungläubig sein wollen.
Die Offenbarung sagt uns: Du kannst nicht von dir her, von keinem, auch nicht dem höchsten irdischen Maßstab her bestimmen, ob Gottes Menschwerdung möglich sei; sondern du hast im Glauben entgegenzunehmen, daß sie geschehen ist, und von ihr her zu urteilen. Du kannst nicht von dir her sagen, wie der „reine" Gott geartet sei, sondern hast im Glauben zu vernehmen, als wen Er sich kundtut, und danach Ihn zu denken. Dann wirst du inne, daß Gott eben der ist, der die Menschwerdung vollbringt... Die Tatsache der Menschwerdung ist selbst Offenbarung, ja die eigentliche und erfüllende. Sie sagt: Gott ist so, daß Er Mensch zu werden vermag. Er ist so, daß es vor Ihm, mit den Worten der Genesis zu sprechen, „gut" und „sehr gut" ist, es zu tun.
Das Motiv aber, von dem so leichthin geredet wird, nämlich Gott tue so aus Liebe, ja Er sei der Liebende einfachhin, die wesenhafte Liebe selbst – das wird erst von hierher deutlich, und ist so auszudrücken: Jene Gesinnung, aus welcher heraus Gott das Unerhörte der Menschwerdung vollbringt – eben das ist die Liebe. Die Liebe, von welcher die Offenbarung redet, ist kein allgemein ethischer Wert; keine in sich bestimmte Gesinntheit des Wohlwollens oder

der Güte, kein unmittelbar verständliches Gefühl des Menschenherzens oder was immer. Das Wort „Liebe“ ist hier überhaupt kein Begriff, sondern ein Name; ein Name für etwas, das es nur einmal gibt, und zwar für die Gesinnung Gottes. Um sie zu erfassen, kann man nicht von vorgegebenen Maßstäben ausgehen, sondern muß sich in jene Geschehnisse stellen, in denen sich die Offenbarung vollzieht, und sie mit den Worten denken, welche diese selbst gibt. Dann beginnt die *metánoia*, die Wendung des Geistes. Alles ändert sich, alles wird richtig, und es erschließen sich Gedanken von einer Größe und Innigkeit zugleich, die, wie Paulus sagt, „jeden Sinn übersteigen“.

Das ist es, was die Weihnachtsbotschaft uns kundtut, wenn wir der Scheindinge müde werden und das Eigentliche hören wollen.

„Hodie – Heute“

In diesen Tagen haben wir wohl Anlaß, aus der reichen Folge heiliger Feste herauszutreten, über sie hinzuschauen und zu fragen: Was ist das, ein Fest?
Auf die Frage könnte man manches antworten, Psychologisches, Kulturgeschichtliches, Ethisches. Könnte sagen, die Menschen hätten ein Verlangen danach, sich in Gemeinschaft zu freuen, eines großen Ereignisses zu gedenken, sich wechselseitig ihrer Überzeugung zu versichern und dergleichen mehr. Damit wären wir dem nahegekommen, was das Fest im natürlichen Sinne bedeutet – aber das der Kirche? Wäre damit der Kern dessen getroffen, was sie „Fest“ nennt?
Um an den zu gelangen, wollen wir uns einen Text ins Gedächtnis rufen, der in den liturgischen Gebeten des Weihnachtstages steht, nämlich die Antiphon des Magnifikats, die in der Vesper gebetet wird. Hören wir sie zunächst in lateinischer Sprache, die ihr eine so schöne Feierlichkeit gibt:

Hodie Christus natus est;
hodie Salvator apparuit;
hodie in terra canunt Angeli,
laetantur Archangeli;
hodie exsultant iusti, dicentes:
Gloria in excelsis Deo, alleluja.

Das heißt auf Deutsch:

Heute ist Christus geboren;
heute ist der Erlöser erschienen;
heute singen auf Erden die Engel,
freuen sich die Erzengel;
heute jubeln die Gerechten und sprechen:
Ehre sei Gott in der Höhe, alleluja!

Viermal wird in diesem Text das Wort „hodie“ laut, „heute“. Was bedeutet das? Was heißt das, wenn am fünfundzwanzigsten Dezember des Jahres Neunzehnhundertzweiundsechzig die Kirche uns sagt: „Heute ist Christus geboren“?

Offenbar ist das Wort nicht geschichtlich zu verstehen, denn das Ereignis, das im Weihnachtsfest gefeiert wird, hat sich ja doch vor mehr als neunzehn Jahrhunderten zugetragen. Es kann aber auch nicht bloß heißen: Heute denken wir daran, daß es einst geschehen ist, freuen uns darüber, verkünden es, denn nicht von Denken ist hier die Rede. Das „Heute“ muß mehr meinen: es muß heißen, daß an diesen Tagen etwas geschieht, das solcher Rühmung wert ist. Was ist das aber?

Um die Dinge des Glaubens zu verstehen, ist es manchmal gut, sich auf Gedanken oder Vorgänge zu besinnen, die in der Frömmigkeit des Heidentums erscheinen. Was war im antiken Sinne das Fest? Was bildete den Kern davon, daß Menschen in einem Tempel oder in einem heiligen Hain zusammenkamen, dort religiös ergriffen wurden und auf das sie Ergreifende hin handelten?

Was sich in deren Erleben zutrug, ist von der neuzeitlichen Subjektivität her nicht zu verstehen. Für diese wäre es eine psychologische Bewegtheit, eine Erregung, ein Denken; das alte Fest meint mehr. In dessen Kern steht der Glaube, daß die Gottheit zur Festgemeinde kommt. Ja, daß die Versammelten überhaupt erst dadurch zur Gemeinde werden, daß die Gottheit in ihre Mitte tritt, sie erschüttert, sie durchdringt und dadurch zu einer Einheit macht. Und darin, daß die Gottheit empfangen, begrüßt, ihre Macht gepriesen, ihre Taten verkündet werden, besteht die festliche Handlung.
Wir wollen hier nicht auf die Frage eingehen, was von diesem Glauben wahr oder nicht wahr, was davon Ahnung und in etwa Erfüllung gewesen sei. Es hilft uns aber, auf etwas aufmerksam zu werden, das der neuzeitliche Mensch weithin vergessen hat und das für das christliche Dasein wesentlich ist. Die Liturgie der Kirche, das Zusammensein und gemeinschaftliche Tun der Gläubigen im Hause Gottes bedeutet seinem Kern nach nicht, daß die Menschen von sich aus einen religiösen Vorgang schaffen, indem sie denken, reden, hören, lesen, sondern daß Gott „kommt". Genauer: daß Christus kommt; daß Er in einer bestimmten Weise, die wir das Festgeheimnis nennen, anwesend wird, gewissermaßen ein Ereignis des Heilsgeschehens mit sich bringt und die Glaubenden dessen teilhaftig macht. Was heißt das aber?
In den Abschiedsreden des Johannesevangeliums wird ein Gedanke laut, der in seiner kürzesten Form

sagt: „Ich gehe, und wieder komme Ich zu euch." (Vgl. 14,3) Christus geht, durch Tod und Auferstehung hindurch, zum Vater, aus der Zeit hinaus in die Ewigkeit – und er kommt wieder. Aber wie?
Zunächst meint der Gedanke das Kommen am Ende der Zeit; das große Ereignis, durch das der Herr der Geschichte ein Ende setzt, indem Er Gericht über sie vollzieht. Ein Kommen geschieht aber schon früher. Drücken wir es so aus: Unser Verhältnis zu Christus ruht darauf, daß er immerfort kommt. Christsein ist kein festes Haben und Halten, sondern, von Christus her gesehen, ein beständiges, im Raum des Glaubens sich vollziehendes Nahen, wie sich das in der ganzen Adventsliturgie ausdrückt. Von uns her aber ist es ein Tun, eine Haltung des Geistes, die ebenfalls in liturgischen Worten aus dem Advent deutlich wird: „Gehet Ihm entgegen und sprechet: ‚Bist Du es, der da herrschen soll im Volke Israel?'" (Erstes Responsorium der Matutin).
Es bedeutet keine zufällige Anmutung, sondern einen Grundakt des christlichen Betens, wenn der Glaubende spricht: Herr, einst aus der Sichtbarkeit weggegangen, komm wieder zu uns; lebe in uns; gib uns Anteil an Dir! Und er kommt wirklich, in jedem Wort des Glaubens, das wir vernehmen; in den Geschehnissen, die uns treffen, frohen und schweren. Immerfort kommt der Herr. Das Wort der Weihnachtsantiphon aber vergewissert uns dessen in einer besonderen Weise.

Christus ist in der Ewigkeit. Er hat aber, als Er in sie einging, das Irdische nicht fortgetan, wie der Idealismus es meint, wenn er sagt, der Held, der Vollendete lasse das Irdisch-Gemeine zurück und hebe sich hinauf zu geistig-reinen Höhen. Nichts hat Er von seinem irdischen Leben abgestreift; alles ist in seiner ewigen Wirklichkeit bewahrt.
In den Berichten des Evangeliums aus der Zeit nach der Auferstehung gibt es eine Stelle, die uns das nahebringt (Joh 20,24 ff). Da ist Jesus den Jüngern erschienen, wie sie verängstigt hinter verschlossenen Türen versammelt waren, und hat ihnen heilige Geistkraft eingehaucht (20,19). Einer von ihnen, Thomas, ist nicht dabeigewesen. Wie nun die anderen ihm vom Geschehenen berichten, sperrt er sich und sagt: „Wenn ich nicht in seinen Händen das Mal der Nägel sehe und meinen Finger in das Mal der Nägel lege und meine Hand in seine Seite lege, glaube ich nie." Dann sind sie wieder einmal beisammen, der Herr erscheint abermals und gewährt dem Widerspenstigen die Gnade, die er eigensinnig verlangt hat. Das heißt aber, daß der Leib des auferstandenen Herrn die Wundmale trägt.
Tiefes Symbol! Was er auf Erden gelebt hat, davon trägt er die Zeichen in jenes Geheimnis, das unser Glaubensbekenntnis meint, wenn es sagt: „Er sitzet zur Rechten des Vaters." Was er in der Zeit getan hat und was Ihm geschehen ist, davon ist nichts verloren; alles bleibt in seiner ewigen Wirklichkeit aufgehoben. Und wenn Er nun „kommt", dann tut Er es in

der Kraft seines erlösenden Tuns und Leidens und bringt es in die Stunde, welche die Kirche durch das Fest bezeichnet.

Das ist das „Hodie – heute“, und mit dem Gesagten wollen wir keine eigenwillige Theorie aufstellen, sondern zu verstehen suchen, was die Kirche tut.

Sicher ist es schon nach dem Hingang des Herrn geschehen, daß die Gläubigen sich zu Ostern versammelten und sprachen: „Heute ist der Herr erstanden.“ Das war in der Frische ihres Gedächtnisses gesagt – aber schon damals war in dem Wort mehr als nur ein Denken, das anhand des Datums in die Vergangenheit zurückging. Es war ein Denken und Reden in der Ordnung des liturgischen Geschehens. Seine Möglichkeit ruhte im letzten auf der eucharistischen Gegenwärtigung, die der Herr gestiftet und geboten hat. Er hatte da gesagt: „So oft ihr dies tuet, tut es zu meinem Gedächtnis.“ Damit war ein Gedenken in Macht gemeint, das ihn rufen sollte und auf das hin Er kommen würde; „opus Dei“, vor Gott, aber auch durch ihn getanes „Werk“.

Auf diesem Gedenken der heiligen Messe ruht im Grunde alles christliche Feiern. Von ihm ist, so stellen wir uns vor, das jeweilige Fest gleichsam eine Ausstrahlung. Die Eucharistiefeier ist immer die gleiche; sie erhält aber ihren besonderen Charakter, indem das „Kommen“ des Herrn sich, wenn man so sagen darf, mit den Strahlen des jeweils erinnerten Erlösungsgeschehnisses umgibt.

Dieses besondere Gedenken hat sich entfaltet, und eine wunderbare Schöpfung ist entstanden: das Kirchenjahr. Daran haben Menschen gearbeitet und geordnet; Dichter haben ihr Können daran gewendet; der eigentlich Schöpferische aber war der Geist Gottes, der die Kirche regiert. Wie das dann im einzelnen geschehen ist, erforscht eine eigene Wissenschaft, die Liturgik; darüber können wir hier nicht reden. Nur auf eine Einzelheit soll hingewiesen werden, weil sie den Vorgang so schön erhellt.
Im dritten Jahrhundert blüht im Heidentum der Kult des Sonnengottes Mithras. Besonders das römische Heer ist ihm ergeben; wo immer die Legionen hinkommen, bringen sie ihn mit. Dieser Mithras heißt *sol invictus* – „der unbesiegte Sonnenherr". Da sagt die Kirche: „Nicht Mithras ist die siegesmächtige Sonne des neuen Lichts, sondern Christus!" Die Formel entsteht: „Christus Sol", und in den Sonnengang des Jahres wird das Leben des Herrn eingebaut. Feste reihen sich aneinander, an denen die Geschehnisse dieses Lebens gedenkend aufgerufen werden, und für jedes gilt: „hodie – heute". In der Feier der Eucharistie, im Zusammensein der Verkündung und des Hörens, des Glaubens und Betens tritt Christus unter die Seinen; und Er tut es aber in der Gnadenfülle des Geheimnisses, von dem jeweils das Fest kündet.

Und wovon kündet das Weihnachtsfest? Lesen wir die Botschaft im Evangelium des Lukas nach (2,1 ff).

Da wird erzählt, wie aus dem Kabinett des Kaisers Augustus eine Verordnung ergeht, das Steuerwesen solle geregelt und dazu die Listen neu ausgefüllt werden. Das geschieht in Palästina in Anlehnung an die althergebrachte Ordnung der zwölf Stämme und ihres Erbbesitzes. So geht ein Mann namens Joseph, der an sich in Nazareth wohnt, nach Bethlehem, weil er aus der Stadt Davids, und Bethlehem die Davidsstadt ist. Mit ihm geht sein angetrautes Weib, Maria, und in dieser, der Weihe-Nacht, wird ein Kind geboren, das den Namen Jesus erhalten wird. Er ist der Erlöser der Welt; ein Menschenkind wie wir, aber des ewigen Vaters Sohn; aus der Enthobenheit des Himmels gekommen in unsere Zeit.
Warum? fragen wir. Der Name „Jesus“ sagt es, denn er lautet übersetzt: „Gott erlöst“. Er ist gekommen, um uns von der Schuld zu erlösen, von der jeder innerlich Wache weiß, daß sie auf uns lastet. Um uns aus der Verstricktheit und Verworrenheit zu lösen, die uns bindet. Das aber tut Er, indem Er, der freie Gott, Mensch wird und unser enges Dasein auf sich nimmt. Indem Er, der Reine, die Schuld auf sich nimmt und das Schicksal durchlebt, das von da her auf Ihn kommt.

Warum aber tut Gott so? Kann er überhaupt dergleichen tun? Kann Gott, der Ewige und Absolute, in eine solche Einheit mit einem Menschenwesen eingehen? Ist es nicht Unsinn und Frevel, Derartiges mit

dem Gedanken des Heilig-Ewigen zusammenzudenken?
Hier gibt es nur eine einzige Antwort; die gibt Er selbst, und die lautet: Gott liebt uns, und „die Liebe tut solche Dinge“. Denn Liebe bedeutet ja nicht nur ein Gutmeinen und Wohlwollen, sondern jenes geheimnisvolle Einswerden mit dem geliebten Wesen, das macht, daß es, das andere, sich im Leben des Liebenden erhebt und ihm wichtiger wird, als er sich selbst ist. Wo immer Menschen einander lieben – nicht bloß begehren, oder wohlwollen –, sondern wirklich in das Geheimnis der Liebe eintreten, da entsteht neben dem Mittelpunkt des eigenen „Ich“ der neue des „Du“. Für dieses tut der Mensch Dinge, die über die Vernunft gehen können, weil ihr Sinn ein anderer ist als der des sich behauptenden Selbst.
Was aber wird dann erst geschehen, wenn es Gott ist, der liebt? Der – das Wort sei in Ehrfurcht erlaubt – in diese heilige Torheit eingeht? Es geschieht, daß Er Einer von uns wird. Daß er fortan nie mehr ohne unser Menschenwesen ist, weil in Ewigkeit die Menschlichkeit Jesu „zur Rechten des Vaters sitzt“.

Davon spricht Weihnachten. Es erinnert uns immer wieder daran. Gott ist so gesinnt, daß er uns zu einer Innigkeit des Einsseins an sich gezogen hat, die über alle Vernunft geht, und unser Leben fortan in diesem Einssein geborgen ist. Damals, in jener Nacht, an jener Stelle, die „Bethlehem“ heißt, ist die Welt glü-

hend geworden vom Eintritt der göttlichen Wirklichkeit.
Diese Stelle wird bleiben, und sollte sie auch durch Unglauben und Gewalttat zugedeckt werden; sollte die Kirche in der Welt selbst auf drei Seelen zusammenschrumpfen. Auf das, was da geschehen ist, beziehen wir uns. An diese Liebe zu glauben, heißt Christ sein. Nicht an eine Allerweltsliebe des Wohlwollens, wonach „da droben überm Himmelszelt ein guter Vater wohnt" und alles mit Segen erfüllt – von der haben schon die Heiden gewußt. Nein, sondern an jene Liebe, in der Gott gewollt hat, um ihretwillen solle nie mehr „bloßer" Gott, sondern menschgewordener Gott sein.

Heilige Nacht

Die Tage vor Weihnachten sind nun vorüber: die schöne Geschäftigkeit, welche den Anderen Freude machen wollte, aber auch der aufdringliche Marktbetrieb, der sich dieser Festzeit bemächtigt hat. Vorbei ist auch die Feier selbst, zu Hause, mit ihren Lichtern und Liedern. Wir haben uns der Verbundenheit unserer Familie vergewissert, haben Freude gegeben und empfangen – und nehmen wir auch alles das mit hinein, was der Einzelne an Einsamkeit und Enttäuschung erfahren haben mag. Jetzt aber wollen wir das alles wegtun und uns in das hineindenken, was diese Nacht in sich birgt.
Ich möchte es von einem Gedanken her versuchen, der mir in diesen Tagen nahegekommen ist. Vielleicht berührt er zuerst fremd; aber wenn der Leser sich ihm anvertraut, wird er ihm doch das eine oder andere aus der Fülle der christlichen Botschaft näherbringen.

Im neunzehnten Kapitel seines Evangeliums erzählt Johannes von der letzten Lebensstunde seines Herrn, wie Er, dem Tode nahe, mit dem Blick auf Johannes zu Maria sagt: „Frau, siehe da deinen Sohn". Dann spricht Er zum Jünger: „Siehe da deine Mutter." (26–27) Die Worte offenbaren Jesu Liebe zu seiner Mutter. Sie bleibt allein zurück; so vertraut er sie dem Jünger an, „den Er liebte". Nun ist sie geborgen. Es heißt denn auch ausdrücklich: „Von jener Stunde an nahm der Jünger sie zu sich" – ergänzen wir: und sie lebte bei ihm. Daran denkt man und empfindet es als schön und tröstlich für sie, die so Bitteres erduldet hatte.

Nicht so leicht aber denkt man dabei an den Jünger selbst: was dieses Zusammenleben für ihn bedeutet haben möge. Man nimmt das Wort: „siehe da deine Mutter" nicht nahe, nicht lebendig genug. Durch den Liebeswillen des sterbenden Herrn und Marias Bereitschaft ist Johannes ja doch wirklich und in einzigartiger Weise der Sohn von Jesu Mutter geworden. So soll man sich das Wort mit seinem innigen Geheimnis nahekommen lassen. Fortan war er nicht nur Jener, der ihr Obdach gab und Speise und Kleid, sondern er durfte zu ihr sagen: „Meine Mutter".

Was in der tiefen Nähe dieses Zusammenseins geschehen ist, wissen wir nicht; Johannes hat in seinem Evangelium nichts darüber gesagt. Es hat ja auch nicht in die Botschaft hineingehört, die sich an alle richtete, sondern war etwas, das nur Maria und ihn anging. Aber die Heilige Nacht lädt zum Sinnen ein; nicht ohne Grund ist um sie her die Welt der Legende entstanden. So wird es auch uns erlaubt sein, die Gedanken wandern zu lassen. Sie machen keinen Anspruch, im unmittelbaren Sinne zuzutreffen; aber in einem tieferen werden sie, hoffe ich, doch wahr sein.

Wir denken uns also, in einer Stunde voll Stille und Nähe hätten sie beisammen gesessen, und Johannes hätte sie gefragt: „Mutter, wie hast du alles das ertragen können, was Gott dir auferlegt hat?" Die Frage war wohl berechtigt, denn es war nicht nur groß, sondern auch über unser Ermessen hinaus schwer gewesen. Maria war gewohnt, zu schweigen. Wenn das Evangelium sagt, daß sie Worte und Begebnisse „in ihrem Herzen bewahrte" (Lk 2,51), so meint das nicht nur, sie habe nichts davon vergessen, sondern auch, sie habe alles in der inneren Stille behütet. So wird sie wohl auf die Frage zuerst geschwiegen haben. Aber sie hat gefühlt, es werde ihr wohltun, einmal über alles zu einem Menschen sprechen zu können, der fähig wäre, sie zu verstehen; und wenn einer, dann war das Johannes. So hat sie geantwortet: „Gewiß, mein Kind, es war groß, aber auch sehr hart, und ich war darin ganz allein."

Und nun hat sie wohl erzählt, wie sie in ihrer Jugend, gleich allen Frommen ihres Volkes, von der Sehnsucht nach dem Messias erfüllt war. Diese Sehnsucht aber hatte in ihrem reichen Wesen eine andere Lauterkeit und Tiefe als bei den Leuten, die damit so viel Verlangen nach Befreiung aus irdischer Not und so viele Wünsche nach irdischer Herrlichkeit verbanden. Vielleicht hat in ihr auch eine Ahnung gelebt, die sie selbst nicht hätte deuten können: ein Gefühl, die geheimnisvolle Gestalt Dessen, „der da kommen sollte", gehe sie ganz persönlich an...

Dann wurde sie von ihrem Vormund mit Joseph verlobt, und während sie noch im elterlichen Haus wohnte, trat der Engel mit seiner Botschaft an sie heran. Das gläubige Gemüt hat sich gewöhnt, das Geschehnis als eine Stunde des Gebetes zu verstehen. Die Kunst, die ja immer aufs neue die Geheimnisse des Heils zu deuten sucht, hat es gern so dargestellt, daß Maria kniet oder sitzt, in die Worte der Heiligen Schrift versunken. Das ist gewiß schön und ist auch wahr, sofern es die Heiligkeit des Geschehens ausdrückt. Aber es ist doch wohl richtiger, es anders zu deuten; denn der Anruf der Gnade vollzieht sich nicht in eine gleichsam zubereitete Situation hinein, sondern trifft das Herz quer durch alles Irdische hindurch. Vielleicht ging Maria über den Hof und mußte, angerufen durch den Engel, plötzlich stehenbleiben... Oder sie saß bei einer Arbeit und die leuchtende Nähe, nur ihr deutlich, umhüllt sie...
Das hat sie Johannes erzählt. Hat ihm gesagt, wie sie bis in die Tiefe ihres Wesens erschrak – in einem Schrecken, der kein Zurückscheuen war vor einer Gefahr, sondern ein Erschauern in der Nähe des Heiligen, das sich ihr zuwendete. So hat sie erzählt, was wir im Evangelium lesen: wie sie zuerst die Worte der Botschaft nicht verstand; der Engel sie aber an die Allmacht Gottes verwies, und ihr Herz bereit war, zu gehorchen.

„So bin ich in den Willen Gottes hineingegangen, und von da an habe ich nicht mehr mir selbst gehört.

Aber", hat sie vielleicht hinzugefügt, „da hat erst mein Leben angefangen.
Freilich auch meine Einsamkeit; und die habe ich nur überstehen können, weil Er mich hielt. Denn zu wem hätte ich sprechen sollen? Nicht einmal zu meinem Verlobten konnte ich es, der mir doch so lieb war. Er hätte gedacht, ich hätte ihm die Treue gebrochen und wolle mein Unrecht unter törichten Gedanken verbergen. Oder er hätte gefürchtet, ich sei einem Wahn verfallen. So hat, was doch Freude über alle Freude war, die Gestalt einer Einsamkeit angenommen, in der ich nicht wußte, was die nächste Stunde an Schwerem bringen würde.
Doch der Engel hat Joseph belehrt. Er hat mich zu sich genommen, und nun waren wir in dem Wissen zusammen. Aber, das verstehst du doch wohl, mein Kind, daß es in der Tiefe dieses Geheimnisses keine Gemeinsamkeit gibt. Joseph war mir Gefährte und Schützer, von einer Treue, wie sie auf Erden wohl nie gewesen ist – aber im letzten habe ich doch allein gestanden."

„Dann kam die Verordnung des Kaisers, und wir haben nach Bethlehem gehen müssen, weil Joseph von dorther stammte. Es war eine Wanderung voll Beschwernis; umgeben von Gottes Nähe, gewiß, aber doch ein Weg ins Unbegreifliche. Wir kamen nach Bethlehem, und nirgendwo war Platz für uns. Die einen konnten nicht, die anderen wollten nicht. So haben wir mit dem Stall vorlieb nehmen müssen, der zur Herberge gehörte.

Endlich schlug meine Stunde, und das Kind lag in meinen Armen. Alles war erfüllt. Alles war Freude. Aber ein Geheimnis umschloß mich, in dem kein Mensch mit mir war.
Nach der vorgeschriebenen Zeit trugen wir den Knaben nach Jerusalem, in den Tempel, ihn nach dem Gesetz dem Herrn darzubringen. Da trat der Prophet Simeon zu Uns, und dankte Gott, daß der Messias erschienen sei. Darauf wendete er sich an mich und sprach: ‚Siehe, Dieser ist bestimmt zum Fall und zum Aufstehen Vieler in Israel, und zu einem Zeichen, dem man widersprechen wird – und auch deine eigene Seele wird ein Schwert durchdringen'. (Lk 2,34–35) Aber das habe ich schon vorher gewußt, in jener Nacht, in Bethlehem: Freude über alle Freude, und Leid über alles Leid...
So bin ich immer tiefer ins Unbegreifliche hineingegangen; an Seiner Hand, aber allein."

Vielleicht hat da Johannes erwidert: „Aber Mutter, der Herr war doch bei Dir, Dein Sohn!" Darauf hat sie wohl zuerst geschwiegen, und dann gesagt: „War es für euch leicht, mit Ihm zu sein, als er lebte? Erinnerst du dich an das, was am See geschehen ist, nach dem großen Fischfang? Wie da Petrus auf seine Knie fiel und rief: ‚Herr, geh weg von mir', weil der Schrecken Gottes, von dem die Schrift redet, über ihn gefallen war? So war es ja bei mir nicht, denn wie hätte ich sonst leben können; aber glaubst du, daß es leicht war, immer in Seiner Gegenwart zu sein?

Gewiß, Er war gütig, wie niemand sonst gut sein kann. Er war mehr als das, Er war demütig. Als wir zu seiner ersten Wallfahrt mit Ihm in Jerusalem waren, und Er uns verlorenging; wir Ihn schließlich im Tempel wiederfanden, und ich aus der Angst meines Herzens sagte: ‚Kind, warum hast du uns das angetan? Siehe, dein Vater und ich haben dich mit Schmerzen gesucht' – da schaute Er uns an und sprach: ‚Warum habt ihr mich gesucht? Wußtet ihr nicht, daß Ich in dem sein muß, was meines Vaters ist?' (Lk 2,48 ff) Ahnst du, was ich da fühlen mußte? Daß er wohl bei uns war, und dennoch immerfort weggenommen in ‚das, was seines Vaters war'? Wohl ist Er dann mit uns nach Nazaret gegangen und war uns untertan – aber was heißt das, wenn ein Solcher untertan ist? Was glaubst du wohl, daß mein Herz empfand, wenn ich ihm sagte: ‚tu das', und Er tat es?"

Dann hat sie dem Lauschenden erzählt, wie sie nach Ägypten fliehen mußten, weil die Willkür des Herodes das Kind bedrohte; in das Land, das wohl äußere Sicherheit gab, aber mit seinen unzähligen Göttern und Tempeln doch so fremd war. Und wie sie nach der Weisung des Engels zurückkehrten; Joseph sich zuerst in Bethlehem niederlassen wollte, wo er Geburtsrecht hatte, aber auf neue Weisung hin doch nach Nazaret gehen mußte. Das war schwer, denn die Menschen dort waren nicht freundlich. Noch heute gibt es ein arabisches Sprichwort, das sagt:

„Wen Gott strafen will, dem gibt er ein Mädchen aus Nazaret zur Frau." Sie hatten scharfe Zungen, die Frauen des Städtchens, dessen Name uns so innig klingt, und die Verleumdung wird oft um Marias Haus gestrichen sein.
Aus der späteren Zeit lesen wir, wie Jesus zur Zeit seines Wirkens nach Nazaret kommt, in der Synagoge spricht, und sie zuerst von der Macht und Anmut seiner Rede überwältigt sind; bald aber ein wütender Haß ausbricht und sie Ihn aus der Stadt hinausdrängen, um Ihn vom Berge hinabzustürzen. Darin kommt wohl jene Gefahr zum Ausdruck, von welcher die Botschaft Jesu immer umgeben war, daß nämlich statt des Glaubens das Ärgernis eintrete; aber auch der Haß der Nachbarn bricht aus: „Ist der nicht des Joseph Sohn?" (Lk 4,22 ff)

„Dann ist Joseph gestorben", hat sie weiter erzählt, „der Treue und Gütige. Schließlich ist auch mein Sohn von mir gegangen, du weißt, daß ich ihn das eine oder andere Mal aufgesucht habe; Er aber hat immer die Grenze gezogen: damals in Kana... und wieder, als man Ihm berichtete, ich stehe vor der Tür und wolle mit Ihm reden, und Er zu den Menschen um ihn her sagte: ‚wer ist meine Mutter, und wer sind meine Brüder?', und auf seine Jünger wies: ‚Das sind meine Mutter und meine Brüder! Denn wer den Willen meines Vaters tut, der im Himmel ist, der ist mein Bruder, meine Schwester und meine Mutter!' (Mt 12,47–50) Was meinst du wohl, was das für mich bedeutet hat? Wie weit da die Ferne wurde zwischen Ihm und mir?“

Darauf hat sie erzählt, wie sie mit der ganzen Kraft ihres Herzens hoffte, die Menschen würden erkennen, wer Er war, würden seine Worte und Wunder verstehen und glauben – alle Begeisterung aber nur äußerlich blieb. Das Volk wollte einen Messias nach seinem Sinn und war enttäuscht, als Er nicht tat, worauf es wartete. Von Anfang an waren die Feinde am Werk, hetzten und verleumdeten. Immer mehr zog sich das Dunkel zusammen, und schließlich geschah das Unfaßliche, daß sie den Tod dessen erzwangen, der das Leben selbst war.
„Das hast du ja alles miterlebt, und niemals habe ich aufgehört, dir zu danken, daß du mit mir zusammen in den letzten Stunden ausgeharrt, du, und Maria von Magdala, und die Mutter des Kleophas. Du weißt, in welcher Schrecknis wir damals standen, Er am Kreuz, und um uns her der Haß und der Hohn... Und als Er sagte – es soll dir nicht wehe tun, mein Kind, aber ich will es doch aussprechen – als Er sagte: ‚Frau, siehe da deinen Sohn‘, und der warst du... nicht wahr, du verstehst ein wenig, was das für mich bedeutete? Du erinnerst dich, wie er in den letzten Augenblicken zu seinem Vater rief: ‚warum hast du mich verlassen?‘ Da war Er allein; wie tief, erfaßt kein Menschenherz. Aber etwas von dieser Finsternis kam auch auf mich...
Doch es wurde Ostern, und als er mir erschien, war

ich erlöst... Dann Pfingsten... der Geist kam herab, auch über mich – er, von dem ich einst den Verheißenen empfangen – und gab Ihn mir wieder, und nun wird Er mir nie mehr genommen..."

Vielleicht hat sich der Leser während dieser Erwägungen gewundert. Hat sich gefragt, was ihr Ernst solle, an dem Fest, das doch voll ist von Lichtern und Liedern und Freuden?
Gewiß, Weihnachten ist der Tag, an dem einst, nach den Worten des Engels, „die Botschaft einer großen Freude" an die Menschen erging. Aber einer Freude von anderer Art, als Menschenfeste sie ausstrahlen. Nie dürfen wir vergessen, daß Bethlehem und Golgotha zusammengehören. Was vollends unsere Zeit angeht, so müssen wir in ihr jenen Zusammenhang besonders wachhalten, denn wir haben die Aufgabe, das Weihnachtsfest aus einer immer schlimmer werdenden Verwüstung herauszuholen. Das Weihnachtsfest, an dem uns „die Menschenfreundlichkeit unseres Gottes erschienen" (Tit 3,4), ist zu einem Jahrmarkt der Begehrlichkeit geworden. Aus dem Lichterbaum, der ein Gleichnis jenes Lichtes sein soll, das aus dem ewigen Glanz uns aufgestrahlt ist, hat man ein Reklamemittel gemacht.

Aber bleiben wir bei uns selbst. Lassen wir uns den Gedanken nahekommen, der in unserer Betrachtung immer wiedergekehrt ist: von der Einsamkeit Jener, welche die Gnade doch in die innigste Nähe des Heils hineingenommen hat. Von ihr hat Elisabet gesagt: „Selig du, die geglaubt hat." (Lk 1,45) Wir sehen Maria zu sehr als Jene, die im Lichte letzter Erkenntnis steht. Dahin ist sie gelangt, gewiß; aber erst nach Pfingsten, als auch über sie die Fülle des Geistes kam. Vorher aber galt nicht nur von Joseph, sondern auch von ihr: „Sie verstanden das Wort nicht, das Er zu ihnen sprach." (Lk 2,50) So hat sie glauben müssen; einen Glauben von einer Härte, wie vielleicht niemand sonst. Und in diesem Glauben war sie mit Gott und ihrem Herzen allein. Das geht uns an. Weihnachten ist ein Fest des Glaubens. Auch der Familie, auch der Freundlichkeit des einen Menschen zum andern, gewiß; aber auf Grund des Glaubens an Gottes Menschwerdung. Jedes Geschenk muß im Grunde Symbol der einen großen Gabe sein, in welcher Gott für das Heil der Welt seinen Sohn gegeben hat (1 Joh 4,9ff). Das muß dahinterstehen; sonst wird alles leer, und man täte besser, wie es ja gefordert worden ist, statt der Heiligen Nacht Sonnenwende zu feiern.

Glauben ist aber nicht immer leicht. Manchmal ist es sogar sehr schwer – schwer und im Alleinsein des Gewissens zu vollbringen. Gewiß gibt es die Gemeinschaft im Glauben: den Zusammenhang der Verkündung, der von Pfingsten her durch alle Zeiten geht, und in dem am Wort des Kündenden der Geist des Hörenden hell wird. Wie könnte man die Kirche schöner deuten, als indem man sagt, sie sei die Gemeinschaft derer, die einander zu glauben helfen?

Und wohl jeder von uns hat in seinem Leben einen Menschen, der ihm dazu geholfen hat, Bürge und Gefährte im Glauben war. Das ist alles richtig. Im letzten vollzieht sich aber der Glaube doch im einsamen Gegenüber des Gewissens zu Gott. In dieses Innerste tritt niemand ein. Da ist jeder auf die Einsicht seines Geistes, auf die Erfahrung seines Herzens, auf die Großmut seiner Freiheit angewiesen. Wohl von der Gnade getragen und durchwirkt; ohne sie würde ja die Botschaft stumm bleiben und das Herz kalt. Dem Tun und Erleben nach aber vollzieht die Entscheidung sich in der Einsamkeit.

Da mögen Gedanken wie die, welche wir soeben durchdacht haben, uns hilfreich sein.

Anfangen und Enden

Es gibt Wahrheiten, die sind so wahr, daß sie aus dem Bewußtsein entschwinden. Man nennt sie „selbstverständlich“ und meint damit, bei ihnen gehe das Verstehen von selbst; man brauche sich dafür nicht anzustrengen. So achtet man sie auch nicht, denn was nichts kostet, denkt man, ist nichts wert. Das ist aber falsch, denn die einfachsten Wahrheiten sind die wichtigsten.

Eine von ihnen ist jene, die wir uns heute, am letzten Tag des Jahres, ein wenig nahebringen wollen: daß nämlich alles Menschliche anfängt und endet.

Wie gesagt, eine Selbstverständlichkeit. Jedes lebendige Wesen tritt einmal ins Dasein, und für jedes hört das Dasein einmal auf. Das ist auch beim Menschen so, und darüber scheint man kein Wort mehr zu verlieren.

Man wird aber gleich nachdenklicher, wenn man sich klar macht, daß dieses Anfangen ja nicht nur geschieht, wenn der Mensch empfangen und geboren wird, und das Enden nicht nur dann, wenn er den letzten Atemzug tut, sondern das Anfangen geht durch sein ganzes Leben, und das Enden beginnt bereits mit dem ersten Atemzug.

Anfangen und Enden sind nämlich zwei Grundkräfte, aus denen das Leben hervorgeht – das Leben im Ganzen, aber auch jedes Stück davon, bis zum kleinsten.

Wir könnten nicht bestehen, wenn wir nicht jeden Augenblick anfingen. Man denkt sich das Leben gern als einen Strom, der aus der Quelle entspringt und dann, immerfort wachsend, weiterfließt, bis er im Meer endet. Das Bild ist gut, es sagt aber nur die Hälfte der Wahrheit. Das Leben entspringt nicht nur in der ersten Stunde, gleichsam ein für allemal, so daß es dann in gerader Richtung weiterginge; sondern es steigt immerfort aus der Tiefe herauf, aus dem Verborgenen ins Offene; aus dem, was noch nicht ist, ins Wirkliche.

Das klingt vielleicht seltsam; aber denken wir einmal nach. Erleben wir es nicht jeden Morgen? Das Aufwachen geht ja doch nicht einfach aus dem Schlaf hervor, sondern eine Merkwürdigkeit ereignet sich: etwas beginnt. Der Mensch schlägt die Augen auf, und nun ist er da. Man sagt ja wohl, wenn man nach dem Schlaf noch benommen ist: „Ich bin noch nicht richtig da." Schlafend war man anderswo, weg, in der Tiefe; aufwachend kommt man herauf, und ist nun gegenwärtig. Mit jedem Erwachen beginnt etwas Neues; ein Tag, der noch nie war. Wir vergessen das leicht. Wir sagen: drei Tage, zwanzig, hundert Tage, als ob es gleichmäßige Zeitmünzen wären, die man beliebig zählen kann; in Wahrheit gibt es jeden Tag nur einmal. In Wahrheit geht das Zählen nur auf der Oberfläche; den Kern zählen wir nicht. Denn es ist ja ein Lebenstag, mein Lebenstag, deiner, und eines jeden von uns. Der war noch nie und wird nie wiederkommen; ist anders als alle anderen und durch keinen zu ersetzen. So ist er am Morgen neu. Die Kraft des Beginnens ist wirksam geworden; ein Anfang hat sich vollzogen.

Das gleiche geschieht mit jedem Werk, das wir tun. Gewiß steht es im Zusammenhang unserer Lebensarbeit. Vielleicht haben wir schon derart Ähnliches getan, daß es das Gleiche scheint – wie dem ungenauen Blick ein Tag gleich scheint dem andern. Dennoch ist es einzig; und wäre es auch nur dadurch, daß wir nie wieder an dieser Stelle unseres Lebens sein werden.

Und diese Kraft des neuen Beginnens ist es, die uns das Leben erst möglich macht. Wohl gibt es in ihm das Fortführen: daß eine Einheit von Tag und Nacht fortfährt, wo die voraufgehende aufgehört hat; daß eine Arbeitsaufgabe sich durch Tage und Wochen und Jahre hin erstreckt; daß eine Gemeinschaft mit anderen Menschen, eine Fürsorge, eine Freundschaft, eine Ehe sich durch das Leben hin entfalten. Das und vieles andere bewirkt, daß dieses Leben ein Zusammenhang ist. Sonst würde es ja auseinanderfallen; es gäbe keine Dauer, kein Wachstum und keine Treue. Damit allein aber würde es unerträglich werden. In der Eintönigkeit des bloßen Fortgangs würden wir ersticken. Was uns das Weiterleben möglich macht, ist das beständige Anfangen: daß uns mit jedem Morgen, mit jeder Aufgabe und Begegnung; mit jedem Schmerz und jeder Freude das Neue entgegentritt.

Ja, wenn wir genau hinsehen, bemerken wir, daß dieses Element der Neuheit sich noch viel öfters geltend macht. Mehr oder weniger deutlich, mehr oder weniger aufrüttelnd, irgendwie aber immerfort. Jeden Augenblick wird das Neue in unserem Leben wirksam; jeden Augenblick setzt es sich nicht nur aus dem Voraufgegangenen her fort, sondern hebt sich aus der inneren Tiefe herauf. Daß diese Neuheitskraft nachläßt, daß sie durch die Hetze des Lebens oder die Ungunst der Verhältnisse nicht mehr fühlbar wird, macht ja erst all die Erfahrungen möglich, die wir als Langeweile, als Lebensleere empfinden. Freilich wird man auch bereit sein müssen, das Neue zu empfangen. Die Leute sagen wohl: „Immer das gleiche… ein Tag wie der andere…“ In Wahrheit verstehen sie unter dem Neuen meist das Aufregende. Sie sind nur selten bereit, das Neue im Kleinen und Leisen zu empfinden. Dazu müßten sie bescheiden und dankbar werden. Sich-Bescheiden und Dankbarkeit sind entdeckende Tugenden.

Das alles ist wahr; wahr ist aber auch das andere: daß unser Leben nicht nur im Tode endet. Er ist der letzte Abschluß; aber er läuft voraus und macht sich fühlbar.

Immer endet ein Tag; und daß der Schlaf ein Bild des Todes ist, haben die Menschen von je gewußt. „Eine ruhige Nacht und ein vollkommenes Sterben schenke uns der allmächtige Gott“, sagt das Abendgebet der Kirche. Und jeder Tag endet als der eine, der nicht

wiederkehrt. Wir sagen – der Einfachheit wegen, oder um einem beunruhigenden Gefühl zu entgehen –: „Morgen ist auch noch ein Tag". Damit meinen wir, der morgige Tag sei der gleiche wie der von heute und von gestern; gleichartige Zeitabschnitte, die auswechselbar sind, so daß man, was heute versäumt ist, ins Morgen einsetzen könne. Das ist aber falsch. Eigentlich müßten wir sagen: „Morgen ist der morgige Tag"; der eine, nicht wiederholbare, nachdem der heutige für immer vorbei ist. Und wie er als einziger begonnen, wird er als einziger enden. Das nämliche gilt vom Schluß der Woche, und von dem des Jahres. Und wieder das gleiche, wenn eine Arbeit fertig geworden ist, oder ein Zusammensein zu Ende geht, oder irgend etwas sonst, sei es nun, wie Mörike sagt, „ein Liebes oder Leides", was seine Zeit gehabt hat.
Und sehen wir genau zu, dann merken wir, daß auch dieses Enden immerfort geschieht; daß es ein Element des Lebensganges und der Lebensarbeit ist, denn alles steht ja in der Zeit, und Zeit ist Vergehen.

Auch das ist nötig, und ohne das könnten wir nicht sein. Wohl gibt es auch hier einen Zusammenhang. Das Gelebte und Getane wird nicht zunichte, sondern bleibt: in unserem Gedächtnis, im Einfluß, den es auf unseren Charakter und unser Gefühl hat, in seinen äußeren Wirkungen. Das muß sein, sonst würde ja alles zerfallen. Es gäbe keine Dauer, kein

Wachstum und keine Treue. Die Dinge müssen aber auch ihr Ende nehmen. Immer wieder muß ich fühlen dürfen: „Das ist nun abgeschlossen. Das liegt nun hinter mir, zum Guten oder zum Schlimmen, als Gewinn oder Verlust." So bitter es ist, daß vergeht, was schön war; so schwer der Ernst, den von dorther unser Dasein bekommt – es liegt auch eine erlösende Kraft in dem Bewußtsein: „Das ist nun getan und kann also weggetan werden. Das ist zu Ende gelebt und gibt Raum für Neues."

Zugleich hat das Enden aber noch einen anderen Charakter – jenen, den wir meinen, wenn wir sagen: „Das ist vollendet." Es ist im Enden voll geworden. Seine Kontur hat sich geschlossen. Worum es ging, ist herausgekommen und hat seine Gestalt gefunden. Darum ist ja für den Menschen, der weiß, was Leben heißt, der Tod nicht einfach das Abreißen; der letzte Tropfen, der aus dem leer gewordenen Glas käme, und nun wäre nichts mehr da – sondern er ist Gestalt. Er hat den Ernst, der in der Unerbittlichkeit des Zu-Ende-Gehens liegt; aber auch die Größe, daß sich etwas erfüllt – vorausgesetzt, daß dieses Leben sich bemüht hat, voll zu werden. Darum haben frühere Zeiten von der *ars moriendi* gesprochen, der Kunst des Sterbens, und es ist sehr schlimm, daß man davon nicht mehr spricht. Sie bedeutet nämlich nicht nur, daß man lernen solle, sich mit dem Tod abzufinden, wenn er nicht mehr abgewehrt werden kann, sondern auch, ihn als das Vollendende, als die letzte Gestalt-

gebung zu verstehen – was freilich anders als im Verhältnis zu Gott nicht möglich ist.
So liegt in jedem Enden ein letzter formender Abschluß, ein Voll-Werden. Und auch das ist eine große Kraft: fertig machen zu können. Nicht anzufangen und nachher stecken zu bleiben oder bloß auslaufen zu lassen, sondern dem Tag seine Rundung zu geben; die Arbeit ganz zu machen; das Schicksal zu seinem Sinn zu bringen.
Kein Zeitpunkt lädt so sehr zu solcher Besinnung ein, wie jener, dem wir heute abend entgegengehen. Er ist Ende und Anfang: Ende des vergangenen Jahres, Anfang des neuen. Da dringt das, was immerfort geschieht, besonders scharf ins Bewußtsein. Eigentlich muß man sich über die Weise wundern, wie dieses Geschehnis meistens begangen wird. Für unser Bewußtsein verbindet sich der Silvesterabend meistens mit Lustigkeit, mit allerlei Erregendem, mit lauten Stimmen und Feuerwerk – einer Haltung also, die alles andere tut, als zu Bewußtsein zu bringen, was da geschieht: das Enden des alten Jahres und das Beginnen des neuen. Man kommt fast auf den Gedanken, das solle verhindert werden – oder nicht?
Gewiß, in der Silvesterfröhlichkeit liegt eine sehr ursprüngliche Freude: noch da zu sein; ins andere Jahr kommen zu dürfen. Das wäre in Ordnung. Wenn man aber genauer hinhört – hat man da nicht den Eindruck, es sei noch anderes dabei? Richtige Fröhlichkeit hat zum Untergrund den Ernst; in dieser aber scheint etwas anderes zu sein: nämlich Angst. Die

Menschen, die im Neujahrstrubel den Schritt über die Zeitgrenze tun, fürchten sich.
Aber warum? Weil sie dem wirklichen Enden nicht ins Auge sehen wollen. Und auch nicht dem wirklichen Anfangen. Echtes Enden würde verlangen, daß ein Abschluß geschähe. Irgendeine Art von Rückblick, von Prüfung und Wägung; irgendeine Art von Rechenschaft, vor dem Gewissen, vor Gott. Und echtes Anfangen würde mehr bedeuten als bloß die Spannung: „Bald geht der Zeiger durch den Punkt; jetzt ist er drüber!" Es würde in irgendeinem Sinne ein Sich-Rüsten sein für das Neue; ein Sich-Bereitmachen für die kommenden Erprobungen, Aufgaben und Schicksale; ein Ausschauen nach dem, was den Weg zeigt, was stark macht und Mut gibt.

Ich weiß nicht, wo Du, mein mir unbekannter Leser, den letzten Sinn Deines Lebens findest. Ob Du, und das ist ja das Entscheidende, an Gott glaubst oder nicht. An den Gott, von dem gesagt ist, daß Er der Anfang sei und das Ende; von dem alles kommt und zu dem alles geht und der über alles richtet. Ich weiß nicht, wie Du hier denkst, und will Dir auch nichts einreden. Eines aber wird man wohl bei Jedem voraussetzen dürfen: daß er fähig sei, über den Augenblick, in welchem ein Jahr endet und das neue beginnt, nicht nur im Trubel hinwegzugleiten, sondern inne zu halten und sich zu besinnen.
Dazu eine Handreichung zu geben, ist die Absicht dieser kleinen Meditation.

Jahreswende

Wir begehen heute den Anfang des neuen Jahres. Der Tag gilt als ein Fest – das Fest ist aber, wenn man es recht bedenkt, sehr sonderbar.

Der Neujahrstag wird nicht durch die Natur begründet. Kein Geschehen im Zusammenhang der Dinge trägt ihn; weder im Gang der Sonne noch in dem der Vegetation. Wenn es ein Vorgang der Natur wäre, der den Beginn des Jahres bestimmt, dann würde er anders liegen, etwa auf dem Tag der Sonnenwende, oder in einer Zeit, wenn sich das Leben der Pflanzen- und Tierwelt wieder rührt... Aber auch die Kirche hat ihn nicht eingesetzt, sondern sie hat sich – und das nur zögernd – einem Brauch angeschlossen, den sie im bürgerlichen Leben vorfand, nämlich in der Zeitordnung der Römer. So ist Neujahr ein Tag der Konvention: man hat sich darauf geeinigt, am ersten Januar solle das neue Jahr beginnen. Daher hat dieser Tag auch keine rechte Wurzel. Auf die Frage, warum mit ihm das neue Jahr beginne, antwortet er, es sei eben so.

Es ist ein sonderbarer Tag; und sonderbar ist auch die Weise, wie sich die Menschen an ihm benehmen. Eigentlich sollte man denken, sie hielten inne und würden ernst. Nach der Konvention, aus der er hervorgegangen, ist doch an ihm ein Jahr vorbei, ein Stück Leben vergangen, und zwar ein beträchtliches. So wäre für Jeden Anlaß genug, sich zu fragen, was für ihn in dessen Verlauf geschehen sei: Geburt, Begegnung und Tod, Freude, Leid, Gewinn und Verlust. Und ebenso, was er mit der Zeit angefangen habe: Recht oder Unrecht getan, Liebe oder Haß gegeben, Leben aufgebaut oder vergeudet oder zerstört... Von solcher Besinnung ist aber, nach dem allgemeinen Eindruck zu urteilen, nicht viel die Rede. Was den Tag – sagen wir genauer, seinen Beginn in der vorausgehenden Nacht – erfüllt, ist ausgelassener Trubel; und der Tag selbst trägt den Charakter, der den Nachhall jeder Ausgelassenheit bildet, nämlich Mißmut und Überdruß.

Fühlen wir aber genauer hinein, so merken wir, daß unter der Ausgelassenheit etwas anderes gelegen hat, nämlich Angst. Das mag sonderbar klingen, aber es ist so: In der vergangenen Nacht haben die Menschen im Grunde Angst gehabt, nämlich vor dem Enden, und die haben sie mit Spektakel zugedeckt. Neujahr ist der Tag der Vergänglichkeit. Einer aber, die von keinem Geheimnis durchwaltet ist, weder des natürlichen noch des religiösen Lebens, sondern nackter Vergänglichkeit: ein Jahr aus – ein neues an! Etwas Trostloses redet aus dem Tag.

Mit dem Vergehen haben wir es allezeit zu tun; unser Leben vollzieht sich ja darin. Immerfort geht etwas zu Ende: eine Stunde, ein Tag. Immer wieder sagt der Samstag, die Woche sei vorüber. Wie lang wird es dauern, und das Jahr, das heute beginnt, rinnt aus? Ist es nicht, als sei letztes Neujahr gerade erst gewesen, mit denselben Wünschen um die Mitternacht, dem gleichen Trubel bis in den Morgen nachher, dem nämlichen faden Geschmack am Tag darauf?

Wie lang währt ein Zusammensein mit lieben Menschen? Wie lang ein Urlaub und seine Freiheit? Wie lang die Genesungsfreude nach überstandener Krankheit? Wenn wir an ein Werk denken, das wir nach reiflicher Überlegung begonnen, mit viel Mühe und mancher Sorge durchgeführt haben – liegt es nicht in der Erinnerung, als wäre es nie wirklich gewesen? Wie sprechen aus unserem eigensten Innern die Worte Walthers von der Vogelweide:

„O Weh, wohin sind verschwunden alle meine Jahr!
Hat mir mein Leben geträumet, oder ist es wahr?"

Als ein Vergehendes leben die Menschen ihr Leben; so suchen sie es zu halten. Manche machen es so, daß sie Ämter, Verbindlichkeiten, Geschäfte hineintun, mehr und immer mehr; sich Arbeit und noch größere Arbeit aufladen; sich härter und immer härter anstrengen und streben und kämpfen – alles in dem dunklen Gefühl, dadurch werde das Leben größeres Gewicht bekommen und langsamer gehen. In Wahrheit läuft es nur um so schneller, denn der Sinn wird immerfort von einem zum nächsten fortgerissen und verweilt nie. In der Zeitung wird dann dem Verstorbenen nachgerühmt, er habe ein pflichtenreiches, fruchtbares Leben gelebt – hätte man in seinen letzten Stunden ihn selbst gefragt, so würde er wohl geantwortet haben: Ich weiß nur, daß es vorbei ist.

Manche versuchen es vom andern Ende her und füllen das Leben mit „Erlebnis“: fahren in immer neue Städte und Länder; rasen über immer andere Straßen; lernen immer mehr Menschen kennen, bedeutende, einflußreiche, interessante; hören Musik, lesen Dichtung, bemühen sich um die bildenden Künste; suchen Sensation und Genuß in den tausenderlei Weisen, die unsere ruhelose Zeit möglich macht. Sie meinen, dadurch ihre Tage und Jahre lebendiger und wirklicher zu machen – in Wahrheit werden sie nur leerer und flüchtiger, weil kein Ernst darin ist. Und immer hartnäckiger und unheimlicher wird das Gefühl: Vorbei!

Alle diese Bemühungen täuschen sich. Sie suchen die Überwindung der Vergänglichkeit auf falschem Wege. Sie meinen, den Gang der Zeit durch Mengen aufhalten zu können: durch die Vielheit dessen, was sich in ihr zuträgt; durch die Größe der Anstrengung, die geleistet wird; durch die Heftigkeit des Gefühls, das die Erfahrung hervorruft. Das alles macht aber das Gefälle nur um so stärker und den Lauf nur um so rascher. Anders muß es geschehen, vom Innern der Persönlichkeit, vom Sinn des Tuns her. Wie also?
Wenn eine Arbeit zu tun ist, kann ich es mir leicht machen; sie erledigen, rasch, nach dem Maßstab: viel Geld für wenig Mühe. Dadurch wird sie angenehmer und vorteilhafter, sie verliert aber auch ihren Sinn. Ist sie vorbei, dann ist sie es auch ganz und gar… Ich

kann aber auch der Meinung sein, eine Arbeit müsse recht gemacht werden, so, wie die Sache es verlangt, und mich um dieses Rechte bemühen. Dann geschieht etwas Eigentümliches: die Arbeit vollzieht sich in der Zeit und endet mit ihrer Zeit; die Tatsache aber, daß das Rechte gewollt worden ist, bleibt. Sie geht in jenen Zusammenhang ein, der das Dasein rechtfertigt.

Wenn ich vor einer Entscheidung stehe, kann ich sie auf Vorteil und Erfolg hin treffen. Dann sinkt alles in den Strom der bloßen Ursächlichkeit und vergeht mit der Wirkung: der Genuß ist empfunden, der Vorteil verbraucht, der Erfolg ausgenutzt, alles ist vorbei – soweit es sich nicht in Schuld gewandelt hat... Ich kann aber auch den Anruf des Gewissens vernehmen und ihm Folge leisten, selbst wenn die Sache mir Verdruß und Schaden und Schwierigkeiten bringt. Wieder vergeht das Unmittelbare der Tat; ihre Gesinnung aber hat sich an das Gute gebunden, und das ist ewig, denn es ist Gott. Von dort her kommt in das vergehende Tun ein göttlicher Sinn, und der bleibt.

Wenn Einer mich um Hilfe angeht, kann ich sie ihm geben, weil ich auf Gegendienst rechne. Das ist zunächst durchaus vernünftig, denn das Leben besteht aus einem Austausch von Diensten. Die geleistete Hilfe hat dann den gleichen Charakter wie der zweckmäßige Gebrauch eines Werkzeugs. Sie ist ein Stück des praktischen Lebens und vergeht, wie dieses... Ich kann die Hilfe aber auch ohne Absicht und Rechnung geben; deshalb, weil der Bittende Mensch ist, Bruder im Dasein, Kind Gottes. Dann verwirklicht sich im gleichen Tun etwas ganz anderes: Freundlichkeit, Güte, Liebe. Das ist Abbild der Gesinnung, aus welcher Gott handelt, und gibt dem Tun ein Sinngewicht, das mit seinem zeitlichen Enden nicht vergeht. Es hat ewigen Gehalt, und der bleibt.

Als Gott uns schuf – aber jeder muß nun sagen: als Gott mich schuf, hat Er mit mir etwas im Sinn gehabt. Er hat gewollt, ich solle zu etwas werden, das nicht nur für mich, sondern auch für die Welt Unersetzbares bedeuten würde, ja an dem Er selbst Freude haben könne. Die Schrift nennt es das Gott-Ebenbild. Das gibt es so vielmal, als es Menschen gibt; denn der Mensch ist Bild Gottes nicht im allgemeinen, sondern jeder ist es in seiner eigenen, unwiederholbaren Weise.

Worin besteht aber dieses Bild – meines im Unterschied zu dem jedes anderen? Das, worin meine Eigentlichkeit liegt; das Was und Warum und Wozu meines Daseins; Gottes Gedanke von mir? Manchmal, in seltsamen Augenblicken, ahnt man es. Da zeichnet sich, ganz flüchtig, etwas ab; „neben" mir, „hinter" mir, „in" mir... fremd und doch tief vertraut... enthoben und doch zu mir gehörig... So sehr, daß ich wohl erschrecken würde, wenn ich ihm offen begegnete. Wahrscheinlich werde ich ihm einst begegnen, im Tode; richtiger gesagt, nach dem Tod, in Gottes Licht, und dann erst ganz ich selbst sein.

Jetzt aber sieht es nur mein Engel, und hütet es, und mahnt mich daran, im tiefsten Gewissen...
Wie ist dieses mein Eigentliches? Wie hat Gott mich gemeint? Was hat Er mit mir gewollt? Kann ich das erkennen? Seinen Gedanken von mir, die Seele meiner Seele?
Ich kann es, ohne alle Geheimniskrämerei, „in Tat und Wahrheit". Ich kann mit ihm in ein Einvernehmen kommen. Das fängt damit an, daß ich mich aus Gottes Hand annehme; mich so annehme, wie ich bin. Nicht gegen mein Dasein protestiere; nicht mich aus ihm hinauswünsche; nicht neidisch auf die blicke, die reicher, angesehener, gesünder, schöner, begabter, schöpferischer sind als ich. Das heißt gewiß nicht, ich müßte alles bejahen, was an mir ist, auch wenn ich es für unangenehm oder häßlich oder böse ansehen muß. Das wäre Lüge; und Lüge bringt dem nicht näher, der die Wahrheit ist. Aber ich soll das, was ich bin, im Gehorsam des Geschaffenseins als Grund und Ausgang meines Lebens anerkennen – und von da aus an mir arbeiten.
Dadurch komme ich in Fühlung mit dem Gedanken, durch den Gott mich gedacht; mit dem Willen, durch den er meinem Dasein die Richtung gegeben hat. Und es kann sein, bei irgendeiner Gelegenheit wird mir auch wie von fernher deutlich, was „Vorsehung" heißt, das für mich Vorgesehene: Dieser bin ich! So steht es mit meinem Leben. Dieses Schwere muß sein, damit jenes andere leicht werden könne. Hier ist mir die Fessel angelegt, damit ich dort Freiheit habe.

Ich bin bei mir selbst zu Hause, weil ich mit anderen nicht leicht in Kontakt komme. Die Gabe, leicht fremdes Leben zu verstehen, bezahle ich damit, daß ich jede Unfreundlichkeit so stark empfinde und immer so lang brauche, um wieder in Ordnung zu kommen und so fort. Ich verstehe etwas von dem, was das heißt: mein Leben, mein Schicksal, meine Aufgabe, eben „ich" – und „ich mit den anderen", und „ich in der Welt" ... So entsteht, langsam, durch meine Dunkelheiten, Überwindungen, Opfer hindurch, das Einvernehmen mit Gott, und mein Leben schlägt Wurzel im eigenen – nein in Seinem Sinn.

Doch dann: tun, was Er will. Sonst bleibt ja alles nur Gedanke. Woher weiß ich aber, was Er will? Nicht schon aus Buch oder Unterweisung; die sagen mir immer nur das Allgemeine: die Normen, die für den gläubigen Menschen überhaupt gelten; die Aufgaben, welche dem Menschen der heutigen Zeit gestellt sind, und mehr derart. Von dort ist aber noch ein weiter Weg bis zum konkreten Tun, und darin wird doch der Wille Gottes erst aktuell. Woher erfahre ich aber, was Er da von mir verlangt? Wie komme ich hierüber mit Ihm ins Einvernehmen? Durch die Situation, in die Er mich jeweils stellt. Um die zu verstehen, sind die allgemeinen Ordnungen und Gebote natürlich grundlegend, aber lebendig werden sie erst durch das Sinngefüge der Wirklichkeit um mich her: Was die Arbeit verlangt, die jetzt fällig ist; wessen der Mensch bedarf, der mir hier begegnet; wie das Leid getragen sein will, das mich gerade getroffen hat; was ich aus der Freude entgegennehmen darf, die sich mir gibt – alles das spricht zu mir: Tu deine Augen auf und sieh, was vor dir liegt. Brauche Dein Urteil und entscheide, was hier das Rechte ist. Entschließe dich und handle!

Wenn ich diese Aufforderung aus Gottes Mund vernehme und mich bereit mache, verstehe ich, was Er mit mir will, komme ich ins Einvernehmen mit seiner Weisung. Und es ist ja nicht so, daß Er mir nur von fern Weisung gäbe und mich damit allein ließe, sondern Seine Weisung ist zugleich helfende Macht; denn weisend tritt Er selbst in die Stunde ein und hilft mir zur Ausführung, wie Paulus sagt: „Gott ist es, der nach seiner Gnade in euch das Wollen wirkt und [auch] das Verwirklichen." (Phil 2,13)

So geschieht es in dieser Situation, und in der nächsten und wieder der nächsten. Und da jede Situation ein Element in jenem Ganzen ist, das „mein Leben" heißt – richtiger gesagt: da mein Lebensganzes in jedem Jetzt anwesend wird und zur Verwirklichung drängt, verstehe ich immer besser, was nach Gottes Sinn dieses mein Leben bedeutet.

Erst so wird die Vergänglichkeit überwunden. Nicht durch Häufung von Arbeit und Erlebnis und Genuß – was Dauer gibt, ist die geheimnisvolle Verbindung zu Gott hinüber, in der sich seine Führung verwirklicht – alles das, was Jesus von der Vorsehung sagt. Darin lerne ich zu sprechen: „Du, mein Gott... und ich durch Dich – wir wissen, worum es geht.“ Dadurch wird, mitten im Vergehen, wirkliche Ewigkeit.

Epiphanie

Die Feste der Kirche – und Epiphanie ist eines der größten; es folgt in seinem Rang gleich nach Ostern und Pfingsten – sind an Gedanken von Gottes Wahrheit und an Gaben seiner Güte derart reich, daß leicht Nebensächliches vor die Hauptsache treten kann. So ist es mit diesem Fest gegangen, denn in der Volkssprache heißt es „Dreikönigstag".

Dazu ist einmal zu sagen, daß die Männer, welche nach dem Bericht der Evangelien kamen, um dem „neugeborenen König der Juden zu huldigen" (Mt 2,2), keine Könige waren, sondern ein Zwischending zwischen Gelehrten und Wahrsagern. Sie lebten im Euphratgebiet, dessen reine Luft es zu einem Ursprungsland der Sternkunde gemacht hat. Die Religion seiner Bewohner war durch die Vorstellungen von Gestirngottheiten und Himmelsmächten bestimmt; die Sterne erschienen ihnen als Wesen, welche das Dasein beherrschen. Daher waren sie auch des Glaubens, es sei möglich, den Einfluß zu erkennen, den die Sterne, je für sich wie in ihren Beziehungen zu den anderen, als Sternbilder auf das Leben des Menschen ausüben; festzustellen, welche Zeitpunkte für die Schließung einer Ehe, für den Antritt einer Reise, für den Beginn eines Unternehmens und für was immer günstig oder ungünstig seien. So gab es an den Tempeln Fachleute solcher Kunst, die den Lauf der Sterne beobachteten, ihn mit dem Gang der Weltgeschehnisse und Einzelschicksale verglichen und Fragenden Auskunft gaben. Männer dieser Art waren es, die nach Bethlehem kamen.

Noch etwas anderes ist zu bedenken. Das Euphratgebiet war auch das Land, wohin das Volk Israel nach der Zerstörung von Jerusalem verschleppt worden war. Dessen Schriftgelehrte hatten unter ihren Habseligkeiten natürlich auch die heiligen Bücher mitgebracht; so hatten solche unter den Sternkundigen, die keine bloßen Geschäftemacher oder Praktikanten des Aberglaubens waren, Gelegenheit, die Worte der Propheten zu lesen. Daraus erfuhren sie von der Hoffnung Israels auf den Messias; vom Reich des Heils, das dieser aufrichten sollte; und auch, daß es allen ehrlichen Herzen offenstehen werde. Männer von solcher Gesinnung waren es, von denen das Evangelium berichtet.

So stellen wir uns vor, wie sie sich in der Stille einer Nacht auf ihrer Sternwarte befinden; eine Konstellation bemerken, der die Überlieferung besondere, auf Königtum und Weltheil bezügliche Bedeutung zuschrieb, und in ihrem Herzen die Stimme Gottes spricht: Das ist das Zeichen des Messias! Ihr Herz ist offen, ihr Wille bereit, und sie machen sich auf den Weg – ein immer gültiges Bild des Glaubens, der auf lange Wanderung geht, um Jenen zu finden, der das Heil bringt.

Das Bild ist schön und voll Wahrheit. Man kann verstehen, wie die Phantasie des gläubigen Volkes von

ihm gefangen worden ist, und wie es die Gestalten der fernher Kommenden mit aller Herrlichkeit des Orients umkleidet hat. Trotzdem liegt nicht bei ihnen und ihrer Wanderung der Sinn des Festes. Es heißt nicht „Tag der Weisen aus dem Morgenland", sondern „Epiphanie", was soviel bedeutet wie „Erscheinung". Erscheinung aber wovon, von wem?
Das Wort stammt aus dem antiken Kaiserkult. Für den Menschen jener Zeit war der Herrscher etwas Göttliches, ein *„sotēr"*, ein Heilbringer. So bedeutete der Tag, an welchem er seine Regierung antrat, das erste Sich-Zeigen seines Heils, seine erste Epiphanie. Daher man denn auch die Zeitrechnung mit jedem Herrscher neu begann: Im soundsovielten Jahr des Kaisers Augustus, oder Diokletians. Epiphanie war es aber auch, ein jeweils neues Aufleuchten des Heils, wenn der Herrscher eine Stadt besuchte und feierlich in sie einzog.
Dieses Wort hat die Kirche übernommen und gesagt: Die wirkliche Epiphanie ist das Erscheinen des wahren Heils-Herrn; das Offenbarwerden des Erlösers vor den Augen der Menschen. In diesem Fall: vor den Augen einiger Menschen, die von weit her, aus heidnischem Land gekommen waren, und in ihrer Person all die Völker vertraten, welche nicht zum Alten Bund gehörten.
Wir müssen aber tiefer in das hineinblicken, was sich da in Bethlehem zugetragen hat.
Als die Männer sich dem Städtchen nahten, zu welchem der Stern sie geführt hatte, und wo sie den

„neugeborenen König der Juden“ sehen sollten, hatten sie wohl erwartet, ihnen werde sich Glänzendes zeigen: Palasträume, Dienerschaft, prunkende Gewandung. Statt dessen fanden sie eine unscheinbare Umgebung und darin, wie es im Evangelium heißt, „das Kind und seine Mutter“. Was haben sie da gesehen?

Offenbar nicht nur ein beliebiges Kind und eine Mutter, die es betreute. Es muß mehr gewesen sein; etwas, das sie veranlaßt hat, wie es im Evangelium heißt, „sich niederzuwerfen und ihm zu huldigen“; auch „ihre Schätze aufzutun und ihm Gaben darzubringen: Gold, Weihrauch und Myrrhe“ (Mt 2,11); Dinge also, wie sie nach der Prophetie des Jesaja dem Messiaskönig von den Heiden dargebracht werden sollten: „Völker wallen zu deinem Licht“, heißt es da, „und Könige zu dem Glanz, der über dir strahlt... Die Menge der Kamele bedeckt dich, Jungkamele von Midian und Epha; von Saba kommen sie alle mitsamt, tragen Gold und Weihrauch herbei und künden froh des Herren ruhmreiche Taten“ (Jes 60,3.6).

Dieses Etwas aber – was war das? Die Legende denkt: das Kind hat in göttlichem Glanz gestrahlt; die Mutter von überirdischer Freude geschimmert; Engel waren da und taten himmlischen Dienst... Von dergleichen sagt aber das Evangelium kein Wort. Was haben sie also gesehen?

Und nun müssen wir in unsere Erfahrung blicken, um von ihr her einen Zugang zum genaueren Verständnis der Glaubensbotschaft zu gewinnen. Und

zwar soll das die Erfahrung sein, was unsere Augen vermögen.
Denken wir uns, wir stünden vor einem blühenden Gewächs, sagen wir, einem Rosenstrauch – was würden wir an ihm sehen? Etwa bloß dünne Gebilde, die wir „Stengel“, flächige Dinge, die wir „Blätter“ nennen, etwas schön Geformtes, Farbiges, von dem die Übereinkunft lautet, es sei eine „Rose“, im Unterschied zu einer Narzisse oder einer Fliederdolde? Doch gewiß nicht, sondern ein lebendiges Pflanzenwesen: eben den Rosenstrauch. Wir sehen die Proportion in den verschiedenen Teilen seines Aufbaus; die charakteristischen Formen von Stiel, Blatt und Blüte; wir bemerken mit einem leisen Gefühl der Rührung die Waffe der Dornen neben der Zartheit der Blüten; erinnern uns, daß am Morgen die Blume noch geschlossen war, Knospe, jetzt aber sich öffnet; nehmen die frühere Gestalt mit der jetzigen zusammen und sehen so Werden und Wachstum… Das und manches andere noch bildet ein vielfältig gegliedertes Ganzes, in welchem unser Auge das Leben sieht. Dieses besondere Lebendige, den Rosenstrauch, im Unterschied zu einem Apfelbaum.
Wenn wir mit einem Tier vertraut sind, sagen wir, einem Hund, und er ist uns lieb; nun kommen wir nach Hause, und er springt uns entgegen – was sehen wir da? Doch wieder nicht nur äußere Formen und Vorgänge, sondern in seinen Augen, seiner Gestalt, seinen Bewegungen, in der ganzen Art, wie er sich gibt und was er tut, sehen wir die Freude und An-

hänglichkeit des Tieres, seine Eigenart, die Lebendigkeit dieses Hundes, im Unterschied zu der eines anderen, oder eines Pferdes, oder eines Vogels.
Und wie ist es mit dem Menschen? Wenn ich einen Altbekannten lange nicht gesehen habe, und nun begegnen wir einander; er blickt mich an, weiß zuerst nicht, wer ich bin, dann kommt es ihm, und er geht grüßend auf mich zu – was sehe ich da? Ein inneres Geschehen: Nicht-Wissen, Verwunderung, Wiedererkennen, Freude. In seinem Gesicht, seiner Gebärde, seiner Haltung sehe ich sein Wesen, seine Seele. Je lebendiger das Auge ist, desto sicherer liest sein Blick in jedem Element des menschlichen Äußeren drüben dessen Innerlich-Seelisches; desto tiefer dringt er ein und sieht noch hinter der Gefühlsäußerung die Gesinnung; hinter einem ersten Motiv ein zweites, verborgenes und so fort.
Unser Auge ist also etwas ganz anderes als ein photographischer Apparat, der nur festhält, was sich optisch bietet. Es lebt und sieht das Leben.
Die Heilige Schrift aber sagt uns: Das Auge kann noch viel mehr sehen, als was bisher genannt worden ist. Im Römerbrief heißt es: „Denn sein [an sich] Unsichtbares wird seit Erschaffung der Welt an den geschaffenen Dingen verstehend geschaut, nämlich seine ewige Kraft und Gottheit, so daß [jene, die Ihn leugnen], keine Entschuldigung haben." (1,20) Von den Dingen der Welt her erschließen wir nicht nur, von ihnen denken wir nicht nur, sondern aus ihnen erschauen wir das Geheimnis ihres Werkseins, ihres

Geschaffenseins. Dieses aber: der Schimmer des Geheimnisses, das Durchleuchten der sie erschaffenden Gottesmacht ist es, was den Dingen ihren eigentlichen Sinn gibt.

Wenn man bewirken könnte, daß wahr würde, was der Atheist behauptet, nämlich Gott sei nicht und es gebe nur die Welt – sehen wir für einen Augenblick von dem Unsinn ab, der in diesen Worten gesagt wird, nehmen wir nur einmal an, es wäre so –, was dann bliebe, diese „bloße Welt", wäre entsetzlich. Sie würde uns anstarren, ohne Sinn noch Ordnung. So ist sie aber nicht. Wo immer wir auf Dinge treffen, haben sie Stand, Wesen, Kostbarkeit; etwas, das uns innerlich berührt und vergewissert, und das ist ihr Geschaffensein.

Durch ihr empirisches Sein leuchtet Gottes Macht hindurch, und das ist schon „Epiphanie". Sagen wir richtiger: die Grundlage dazu, der Beginn davon. Das Auge aber nimmt das wahr, auch wenn es nicht besonders zu Bewußtsein kommt. Den wirklichen Atheisten, das heißt den Menschen, der in echter Weise überzeugt wäre, Gott sei nicht, kann es also in Wahrheit gar nicht geben. Was es gibt, ist der Mensch, der gegen sein eigenes Auge und Herz Atheist sein will. Es sei denn, er wäre blind und stumpf geworden; das ist aber dann kein wirkliches Überzeugtsein, sondern innere Verarmung.

Zu Beginn seines Ersten Briefes sagt nun Johannes: „Was von Anfang an war, was wir gehört, was wir mit unseren Augen gesehen haben; was wir schauten und unsere Hände betasteten vom Logos des Lebens – und das Leben ist erschienen, und wir haben es gesehen, und legen Zeugnis ab, und verkünden euch das ewige Leben, das beim Vater war und sich uns offenbarte – was wir [also] gesehen und gehört haben, das verkünden wir auch euch!" (1,1–3) Wir fühlen die Macht der Worte, aus tiefer Ergriffenheit kommend und jeden ergreifend, der bereit ist, zu verstehen: *kerygma*, Wahrheitsmitteilung und Glaubensbefehl zugleich. Was sie aber verkünden, ist das Ereignis der eigentlichen Epiphanie: daß der ewige Sohn Gottes, welcher „wohnt im unzugänglichen Licht, den keiner der Menschen gesehen hat, noch zu sehen vermag" (1 Tim 6,16), nun gesehen werden kann, weil er Mensch geworden ist; gewissermaßen zur tieferen Seele nicht bloß eines Menschenleibes, sondern auch noch einer Menschenseele geworden, nämlich jenes Einen, der Jesus von Nazaret heißt. In Ihm ist der ewige Sohn für den, der die Augen hatte, sichtbar geworden. Wer Ihn hörte, wer Ihn sah, wer seine Hand faßte, der hörte und sah und faßte „den Logos des Lebens".

Im Evangelium des gleichen Johannes sagt Jesus am Abend vor seinem Tod zu seinen Jüngern: „‚Hättet ihr mich erkannt, so würdet ihr auch meinen Vater kennen; von jetzt an kennt ihr Ihn und habt Ihn gesehen.' Philippus sprach zu Ihm: ‚Herr, zeige uns den Vater, und es genügt uns.' Jesus sprach zu ihm: ‚So lange Zeit bin Ich bei euch, und du hast mich noch nicht erkannt, Philippus! Wer mich gesehen hat, hat auch den Vater gesehen. Wie kannst du da sagen: Zeig uns den Vater?'" (14,7–9) Im lebendigen Jesus von Nazaret ist der ewige Sohn durchgeleuchtet. Der besteht aber nur als Sohn; wer Ihn also sieht, sieht Ihn als Jenen, der wesenhaft zum Vater hinüberführt. Das ist die eigentliche Epiphanie.

Freilich gehört dazu das Auge, das sehen kann. Vielleicht antwortet Einer: Wenn du so sagst, nimmst du ja alles wieder zurück, denn damit setzest du etwas Besonderes voraus, das nur Auserwählte haben: Mystik oder Vision, oder was sonst...

Aber ist es nicht immer so, daß ein Ding nur von dem gesehen wird, der das Auge dafür hat? Führen wir zwei Menschen vor den blühenden Rosenstrauch: Dem einen geht das Herz auf, und er sagt: „Wie schön!"; der andere fragt: „Was hat er gekostet?" Jener hat das Auge, dieser nicht. Lassen wir zwei Menschen ein Kunstwerk betrachten: der eine ist ergriffen, der andere langweilt sich. Für alles bedarf es des zugeordneten Auges. Nur ist das bei den Dingen der Welt eine Begabungssache. Schon anders steht es, wenn es sich darum handelt, die Menschen, ihre Seele, ihr Wesen zu sehen. Da ist vorausgesetzt, daß der Blickende Liebe zum Menschen habe, sonst sieht er bloß Körperlichkeit und äußeres Tun.

Worin besteht aber das Auge für das Schauen der Epiphanie? Die Bergpredigt sagt: „Selig die reinen Herzens sind, denn sie werden Gott schauen." (Mt 5,8) Das gilt nicht nur für das Leben der Ewigkeit, sondern schon für das hier auf Erden. Was heißt das aber: „reinen Herzens“ sein? Denken wir nicht gleich an Sinnlichkeit und Geschlecht; es reicht weit darüber hinaus. Ein reines Herz hat, wer die richtige Liebe hat; wer nach dem Heiligen verlangt. Ist das so, dann schauen die Augen an den Dingen der Schöpfung Den, der sie geschaffen. Sobald aber diese Augen Jesus begegnen, dann schauen sie in Ihm das Geheimnis der Menschwerdung, den Logos des Lebens.

Der heutige Tag sagt, daß die Männer aus dem Morgenland dieses Auge besaßen. Ihnen ist in dem Kinde der Erlöser „erschienen“, und sie haben Ihn „gesehen“. Der gleiche Tag erinnert Jeden von uns: Denke daran, was dein Auge vermag. Es ist dir verliehen, auf daß du die göttlichen Dinge schauen könnest. Denke daran, daß du es rein haltest und gebrauchest!

Nun könnte einer aber immer noch sagen: Die Weisen haben das göttliche Kind leibhaftig vor sich gehabt, und Johannes hat einige Jahre in seiner Nähe gelebt. So konnten sie die Epiphanie erfahren. Aber wir, die von ihm nur hören – was vermögen wir?... Gewiß, unsere Situation ist anders als die ihre; aber wir dürfen auch nicht vergessen, was der Herr gesagt hat: „Ich bin bei euch alle Tage bis ans Ende der Welt.“ (Mt 28,20) Er hat das zu den Aposteln gesagt, es gilt aber uns allen. Auch „bei uns“ ist er, in der Kirche.

„Kirche“ ist das, worin Christus und das Seinige weitergeht durch die Zeit. Die Heilige Schrift ist Kirche; für sich allein genommen, stünde sie im Ortlosen.

Die Verkündung der Botschaft ist Kirche; sie ist deren Laut und Sprache. Kirche ist der heilige Dienst; die Feier der Eucharistie und die Mannigfaltigkeit der Sakramente. Kirche ist die Gemeinschaft der Gläubigen; ihr Schicksal in der Geschichte, ihre Freuden, ihre Leiden, ihre Verfolgungen... Alles das ist Kirche, und in ihr wird Jesus Christus geschaut, und in Ihm der Vater.

Nur muß das Herz rein sein. Denn vom Herzen her ist das Auge sehend; nicht nur vom Optischen und nicht nur vom Intellekt. Wir müssen sorgen, daß unser Herz nicht von Irdischem erfüllt sei, von Ehrgeiz, Gewinnsucht, Sinnlichkeit, Vergnügen, Angst, vom Gedräng und Getöse des Daseins, denn dann sehen wir nur Menschliches und oft nur Allzumenschliches. Dann stehen wir im Gottesdienst und warten nur, daß er zu Ende gehe. Dann bemerken wir an Personen und Einrichtungen nur Unzulänglichkeiten und Fehler und werden irre am Wesen.

Dem hingegen, der sein Herz frei hält, wird eines Tages gegeben, daß sich mitten im Wandel ein Bleibendes, in der Selbstsucht eine Liebe, in der Sinnlosigkeit eine Verheißung, im Alleinsein eine Freundschaft kundtut, die einen Namen trägt: Jesus Christus. Wir müssen aber danach verlangen und darum bitten. Er hat ja gesagt: „Wenn ihr, die ihr doch böse seid, euern Kindern gute Gaben zu geben wißt, um wieviel mehr wird euer Vater im Himmel denen Gutes geben, die Ihn bitten!" (Mt 7,11) Die Gabe aller Gaben aber ist, Christus zu erkennen und ihn zu lieben.